李少聪◇编著

智能教养

北京工业大学出版社

图书在版编目（CIP）数据

智能教养/李少聪编著 . —北京：北京工业大学出版社，2017. 8
（2021.5重印）

ISBN 978-7-5639-5602-9

Ⅰ.①智⋯　Ⅱ.①李⋯　Ⅲ.①儿童教育—家庭教育Ⅳ.①G782

中国版本图书馆 CIP 数据核字（2017）第 157139 号

智能教养

编　　著：李少聪

责任编辑：李周辉

封面设计：李尘工作室

出版发行：北京工业大学出版社

　　　　　（北京市朝阳区平乐园 100 号　邮编：100124）

　　　　　010－67391722（传真）　　bgdcbs@sina.com

出 版 人：郝　勇

经销单位：全国各地新华书店

承印单位：天津海德伟业印务有限公司

开　　本：787 毫米×1092 毫米　1/16

印　　张：12

字　　数：180 千字

版　　次：2017 年 8 月第 1 版

印　　次：2021 年 5 月第 2 次印刷

标准书号：ISBN 978-7-5639-5602-9

定　　价：30.00 元

前　言

20世纪80年代，美国著名的心理学家、哈佛大学教授霍华德·加德纳博士提出了多元智能的理论。他指出，人类的智能是多元化而非是单一的，它主要由语言智能、数学逻辑智能、空间智能、身体运动智能、音乐智能、人际智能、自我认知智能、自然的认知智能八项组成。而每个人都拥有不同的智能优势组合。

智能教养就是指父母根据孩子的气质和特点，有计划地引导孩子认知，循序渐进地促进孩子的智能发展，培养出高智商和高情商的孩子。6岁以前更是智能教养的关键期，在这一阶段，孩子所获得的各种能力将陪伴他们一生。

父母如果没有任何准备，恐怕无法从容应对一个突然降临的生命。无论是生理、心理，还是经济上都要有所准备，方能化解孩子到来后的忙乱、焦虑。

本书以孩子的成长规律为着眼点，重点阐述了孩子的情绪智能、语言智能、思维智能、运动智能、艺术智能、社会智能的培养。

智能教养的另一个重要前提是了解孩子的成长规律。很多父母热衷于培养"神童"，什么"两岁会背100多位圆周率"，什么"三岁认识上千个字"，过早开发孩子的智商有点像拔苗助长，短期看起来有一定效果，长期来看却有很多弊端。父母要顺应孩子的成长规律，耐心等孩子慢慢长大。这才是有智慧的教养模式。

智能教养中，情绪智能是很重要的一项，绝大多数父母小时候受到的情绪引导都是这样的：难过了，"小事情，没什么好哭的"；生气了，"别闹，把玩具给妹妹玩一下"；委屈了，"下次记住就行了"。这只会让孩子内心的不良情绪郁积，郁积多了就会爆发。

培养情绪智能就是要帮孩子学会情绪管理，帮助孩子及时摆脱不良情绪，保持乐观平和的心境。比如，孩子做错事难过的时候，你不必再指责，先认同他的感受，再来说建议，更容易令孩子接受。

所谓语言智能，指能有效地运用口头语言或文字表达自己的思想、观点，灵活掌握语音、语义、语法，具备用言语思维、用言语表达和欣赏语言深层次内涵等方面的能力。

孩子的语言智能并不是从孩子会说话时开始培养，而是从孩子出生就可以开启了。有的父母认为孩子刚出生什么都不懂，怎么培养语言能力？一出生就对孩子多说话，这其实是最早的早教方式。也许孩子听不懂你说的话，但他能感觉到你的尊重。而且孩子的记忆力在胎儿时就具备了，所以熟悉的声音会给孩子安心的感觉。

心理学家认为思维智能就是人类大脑认识世界的活动。更确切地说，从教育角度讲，思维是孩子头脑中真正有意识的努力，而不是那些不经努力的胡思乱想。思维包括分析、推理、因果关系及解决事情的能力。对于实际生活而言，包括孩子的说话或写字能力。

培养孩子的思维智能，父母可以通过各种棋类游戏、扑克牌、顺序图卡、新式天平游戏，或者中国传统玩具中的孔明棋、九连环、华容道等适合全家参与的玩具，以开发孩子的思维能力。

在运动智能上比较有优势的孩子，一般比较爱模仿动画片中的动作或对白，并且动手能力很强。父母可以通过给孩子提供发挥其能力的舞台和空间，比如让孩子多参加一些特色活动课包括体育课、舞蹈课、戏剧表演课等，培养孩子这方面的能力。运动智能的开发不仅可以锻炼孩子肢体运动与精巧运动的技能，更能开发和提高其想象力与创造力。

关于艺术智能，以音乐为例，孩子天生就对音乐敏感，比如孩子从小就喜欢听各种乐器发出的声响，能随着音乐起舞，有的孩子还能准确地记忆家里经常播放的乐曲。6 岁以前的幼儿期是孩子音乐能力发展的最佳时期，父母可以教孩子掌握一些有关音乐的浅显知识与技能，如简谱、五线谱的简单知识。需要注意，孩子年龄比较小的时候，掌握一定的基本入门知识即可，应避免过难、过高的知识与要求，防止孩子产生排斥心理。

在社会智能方面，父母更要予以重视。完善的人格、良好的情商都是从小就应该培养的。学会尊重他人，懂得规则的重要性，善于和小朋友交往，正确面对竞争和冲突等方面，都是培养孩子社会智能的因素。

此外，本书还详细阐述了父母要避免落入教养误区，如何建立平等的亲子关系等。作者共从 9 个方面入手，阐释了现代的亲子教养模式，帮助父母科学地教养孩子。

目　　录

第一章　做父母，你真的准备好了吗

1. 做父母要先认识自己

在豆瓣网站上有一个名为"Anti – Parents 父母皆祸害"的小组，该小组里有 11 万多人的组员，写满了子女对父母的种种控诉。如今，父母与子女之间怎么走到这般地步呢？

还有一篇报道称：一名 18 岁的少年在高考后自杀前，给他的父母留下了近 3000 字的"控诉"，表示自己没有丝毫感受到来自父母的爱。他痛不欲生的父母，直到此时才知道自己在孩子眼里是个什么样的人。

孩子眼里的那个你，是不是和你认为的自己完全不一样？当你抱怨越来越搞不懂孩子的时候，也许是你根本就不了解自己，或者不了解不经意间每天都在使用的教养方式。

从事青少年教育的"知心姐姐"卢勤说："只有深刻地认识自己才能清楚地了解孩子。"德国哲学家卡尔·雅斯贝尔斯说："教育意味着一棵树摇动另一棵树，一朵云推动另一朵云，一个灵魂唤醒另一个灵魂。"

每一个父母，当孩子一生下来，就会对他寄予很高的期许。然而，父母通常希望有一个既乖巧懂事又聪明能干的孩子，却疏于反问自己如何做一个好的父母。

那么，你知道自己是一个什么样的父母吗？一般父母可以分为以下几种类型：

（1）民主型

这一类型的父母总是以鼓励代替责骂，以赞美代替批评，会经常对孩子说："你好棒！"他们希望孩子可以在阳光的生活环境中健康快乐地长大，给予孩子关注、肯定和爱。

（2）溺爱型

这一类型的父母总是很容易和孩子妥协，会经常地对孩子说："好了好了，听你的。"

（3）忽视型

这一类型的父母是因为这样那样的原因而不得不放弃陪伴孩子，所以当孩子需要他们时，他们总是说："没时间。"

（4）指挥型

这一类型的父母喜欢控制一切，希望小孩能乖乖地听他们的话。面对哭泣的孩子，他们会警告说："不准哭，再哭就……"

（5）说教型

这一类型的父母是"应该主义者"，在与孩子沟通时，总是会引导孩子"你应该这样""你不应该那样"。比如："你是姐姐，应该让着弟弟""看书不应该这样，要……"

（6）牺牲型

这一类型的父母一切以孩子为中心，万事都想在孩子前面，生怕委屈了孩子，从来不考虑自己。总是对孩子说："你放着，我来做。"

你属于上面哪一类型的父母呢？

做父母，并不是结婚后顺其自然地迎接一个生命，然后按照自认为对的方法或自己童年时接受的教育方法，去对待孩子。

孩子的童年只有一次，对一个孩子来说，你的教养方式决定了他未来成为一个什么样的人。如果做得不好，对孩子来说，是一辈子无可挽回的错过。

做父母要认识自己，就要先认识自己的角色。

首先，在教养孩子的过程中，父亲与母亲同样重要。可能你觉得自己不擅长这方面，或者觉得这是另一方的事，直接把孩子交给对方教养，这种行为非常不利于孩子的成长。

其次，哪怕父母工作再忙，也应该尽量多抽时间陪伴、教导孩子，如果分隔两地，也可以通过网络等方式交流，比如与孩子视频聊天，通过快递给孩子邮寄小礼物，等等。让孩子知道你一直在看着他、陪伴他、爱着他。

再次，父母应该关注孩子身心两方面的成长。最好父母双方要找到最适合孩子的教养方式并保持一致性，不要各执一词，让孩子摸不着头脑。如爸爸对孩子说多吃玉米，可以补充营养；妈妈却告诉孩子少吃玉米，容易不消化。

最后，父母需要明白"身教大于言教"。孩子具有极强的模仿能力，你怎么做，他就会跟着怎么做。比如，你总是玩手机，孩子自然也会和你一样，有空就给手机刷屏。

一般情况下，父母如果可以扮演好下面几种角色，就算得上是成功的父母。

（1）守护者

父母首先是一个守护者，保护孩子的安全、照顾孩子的起居。当然，这里并不是要求父母事事代劳，否则就会错失让孩子锻炼的机会。

（2）启蒙者

启蒙不只是教孩子读书识字，还包括社会生活方面的各种知识。比如，自我保护，社会交往，独立生活，承受挫折，合理消费，正当休闲，心理保健，审美，等等。

（3）导师

作为孩子最亲密的人，父母是孩子最好的生活导师。父母要与孩子建立相互信任的关系，孩子才愿意听从父母的建议。如果一味给孩子立规矩、定条件，只会增加孩子的逆反心理。

（4）知心朋友

孩子在成长的过程中，需要一个伙伴来与他一起分担快乐和烦恼。所以，父母一定要扮演好朋友的角色，这样才可以在孩子遇到问题时，满足孩子的心理需求，引导孩子面对、解决问题。

（5）心理保健师

父母不仅要有健康的心理，为孩子创造和睦、温馨的家庭氛围，还要学习掌握心理卫生常识，维护孩子的心理健康。在孩子出现心理问题时，父母可以更好地帮助孩子矫治心理异常。当然，如果情况严重者，就需要求助于心理治疗专家了。

做父母要认识自己，更重要的是要认识到自己的不足，然后积极学习关于家庭教育的各种知识。比如，阅读有关家庭教育的书刊，收看家庭教育电视节目，掌握孩子的身心发展规律，了解学校教育目标、要求和内容，提高家庭教育素养，包括观念、态度、知识、方法和本身思想品行修养，等等。让自己成为一个合格的父母。

2. 做父母和做自己之间如何保持平衡

6岁以前是孩子人生发展的黄金阶段。但在这一时期，很多家长都无法让"做父母"和"做自己"两个身份保持平衡。要么是竭尽所能去陪伴、照护、教养自己的孩子，把"自己"忘记；要么是直接把孩子交给老人、保姆照顾，继续做工作狂。但无论如何，都势必会造成"做父母"和"做自己"的严重失衡。

以全职妈妈和职场妈妈为例，下面来看一下两者之间的区别。

案例一：

张琳是一名80后的全职妈妈。孩子生下来后，她沉浸在初为人母的喜悦之中，看着他可爱的小脸，她觉得自己可以为这个孩子做任何事情。就这样，她独自一人带孩子，全年无休，24小时连轴转，硬生生让自己从娇艳欲滴的美女磨成黄脸婆,看起来比实际年龄大很多。

案例二:

刘颖是一名标准的职场妈妈。孩子生下来半年后,她权衡利弊,依然决定重返职场,孩子交给婆婆帮忙照顾。她牺牲了所有可以和孩子相处的时间,经过将近2年的职场拼杀,终于在自己熟悉的领域站稳脚跟。当她决定补偿孩子时,却发现孩子怎么也不愿意和她亲近,和她在一起时也总是不停地哭闹。

下面列出一个全职妈妈和职场妈妈的分析表:

	全职妈妈	职场妈妈
优势	可以全身心地培养孩子	能够为孩子打下更好的经济基础
劣势	脱离社会,跟不上现代生活节奏	很难掌握好孩子与工作之间的平衡点
机会	自主创业或寻找适合自己的兼职	弹性工作制
威胁	经济依靠丈夫,不独立,易被动	上班忙下班累,不利培养亲子感情

可见,全职妈妈与职场妈妈给孩子、生活带来的影响各有利弊。那么,妈妈要怎样做才能让这种情况达到平衡状态呢?

2011年,美国北卡罗来纳大学格林斯伯勒分校、研究人类发展和家庭关系的谢丽尔·比埃勒博士、马里昂·奥布莱恩博士都认为:半职妈妈会更有幸福感。

卓悦在生孩子之前就决定还要继续工作,她无法忍受自己每天待在家里像保姆一样,只是带孩子、换尿布。但在工作之后,她觉得自己根本无法掌握孩子与工作之间的平衡点,生活乱糟糟的。想到教养孩子的重要性,一时冲动就直接辞职回家了。后来和丈夫商量,又在淘宝网上开了一家服装店。

现在，卓越每天的工作就是做家务、煮饭、给孩子讲故事、陪孩子玩、接送孩子上下学等，然后利用孩子休息时间管理网店。网店收入还不错，基本上可以与家里的正常开销持平。

所谓半职妈妈，就是女性在成为妈妈之后，会放弃自己从前的工作在家里带小孩，但同时会试着开辟自己新的事业领域，比如开网店、做自由撰稿人等可以在家进行的工作。这样一来，不仅可以带给家人无微不至的照顾，而且可以拥有自己的一片天地，给自己一个完善自我的空间和机会。

相对于全职妈妈和职场妈妈，半职妈妈不仅可以兼顾自己的家庭和事业，而且可以做好职场和家庭中所扮演的角色，也不会造成心理缺失的感觉。再加上因为半职妈妈在经济上的独立，不用向丈夫伸手要钱花，不会在心理上形成依附感，会更加自信，而这份独立和自信则更有利于孩子的健康成长。

如果女性既想要陪伴孩子成长，又舍不得职场，不妨尝试一下半职妈妈的角色，或许可以给你带来全新的体验。

当然，每个人的情况不同，你可以根据适合自己的生活方式来平衡"父母"与"自己"的身份关系。如果你觉得无论是"做父母"还是"做自己"，都能很好地调整自己，那不妨就听从内心的声音，选择自己喜欢的方式。

但请记住：爱孩子就必须要从孩子的角度来思考。如果妈妈因为放弃工作而迁怒孩子，让孩子背上"我是为你而放弃工作"的负担，那么成为全职妈妈就得不偿失了。同样，如果选择做职场妈妈，也不要开口闭口就对孩子说："我当初那么做全是为了你。"只要你愿意付出更多努力，增加与孩子相处的时间，也会成为出色的职场妈妈。

3. 焦虑时代，如何做智慧父母

新时代的父母虽然告别了物质匮乏、精神世界单调，但因为环境的竞争和爆炸式信息的扑面而来，又深陷于无处不在的焦虑之中。尤其是对家有6岁以下的孩子的父母来说，孕期焦虑、产后焦虑、教养焦虑、入托焦虑、学校社交焦虑、成绩焦虑，各种焦虑无处不在。

一个职场妈妈对刚上幼儿园的孩子充满各种焦虑，担心孩子在幼儿园受欺负、老师教的东西听不懂、在陌生环境会害怕、会学坏。最后，她毅然辞掉了优越的工作，回家陪伴孩子。

妈妈把自己所有的注意力和焦点都放在了孩子身上，时间一长，孩子身上的优缺点就被无限放大。当老师说孩子背不好古诗时，她会焦虑孩子的记忆力是不是不好；舞蹈比赛没取得好成绩时，她开始焦虑是不是给孩子选错了方向；跟小朋友发生矛盾时，她开始焦虑孩子会不会变得不服管教。

种种焦虑不时地困扰着她。久而久之，这个得了严重焦虑症的妈妈，不仅把自己的生活、精神状态搞得一团糟，跟孩子的沟通也一次次不战而败。于是，新的焦虑又产生了。

一个焦虑的妈妈背后一定会有一个焦虑的小孩，很多时候，父母对待事物的态度会潜移默化地影响孩子对世界的看法。比如，孩子哭了，父母会急着控制孩子的情绪："不许哭，眼泪擦掉，男子汉有什么好哭的。"急着替孩子作决定："挑这个。那个玩具那么小，根本不值钱。"急着替孩子解决问题："在幼儿园被欺负了，你为什么不找老师帮忙？"

为什么父母总是在焦虑？

首先，父母总是忽视孩子之间的差异性，或者说，父母不愿意承认孩子之间是有差异的。但随着孩子逐渐长大，父母开始拿周围同龄的孩子当参照物，并且在参照时将许多个孩子的优点加起来对比自己孩子的弱项。比如，"隔壁小朋友天生阳光大方，见人就喊叔叔阿姨，你怎么这么害涩？""刘阿姨家的小孩嘴巴可甜了，你也要大方一些。"

其次，父母总是对孩子产生不切实际的完美期待。比如，让孩子学跳舞，希望她可以当舞蹈明星。在这样不切实际的期待中，产生巨大的心理落差，从而越发焦虑，而这焦虑给孩子带去的便是痛苦。

最后，父母的虚荣心在作祟。比如，希望自己的孩子兴趣比别人更广、成绩排名比别人更好，样样都比别人的孩子强，成为最优秀、最闪耀的那一个，以此来证明自己是最优秀的妈妈。如果比不上，便会产生焦虑，回家就会数落孩子不够努力云云。

想要化解这些焦虑情绪，父母就必须改变这几种焦虑的来源。对孩子报以适合的期待，并制定切合他的目标，并真诚地赞赏他每一次的进步与成长，理解他为学习所付出的努力与不易，让孩子在心中建立起自我成就感。

一般情况下，6岁以下孩子的学习，应该以直接经验为主。让孩子去触摸、品尝、观看生活中不同物品的不同形状、手感、味道、颜色等，以此来培养孩子身体、心理的健康发展，提高孩子阅读、交流、表达能力，尊重孩子的好奇心和求知欲，建立孩子对艺术的兴趣等。比如，培养孩子良好的作息习惯，多锻炼身体，保持好个人卫生；能够独立阅读一些简单的故事绘本，并养成固定、自觉的阅读习惯；对身边的自然现象感兴趣，有主动询问的习惯；开始接触一种或几种艺术活动，了解基本知识和基本技能，如乐器、舞蹈、歌唱、体育运动等。

但父母还是要注意，只要让孩子接触一些基本知识即可，不要进行太难、太艰苦的训练，否则很容易让孩子心理受挫，甚至身体受伤，留下终生遗憾。

所以，爸爸妈妈们不妨让自己慢下来，不要急着去控制、纠正孩子，容许孩子犯错并从中有所获得。给孩子尝试的机会，而不是着急地给他套入自己的心理模式。给孩子适度的空间和自由，让他们学会独立思考、独立面对和处理问题。

台湾女作家龙应台对孩子成长的节奏就格外尊重，而作为母亲，她以自己的智慧走出了女性在个人事业与母亲角色之间的冲突，感动并启迪了无数读者。

就像她在《孩子，你慢慢来》一书中所写的："我，坐在斜阳浅照的台阶上，望着这个眼睛清亮的小孩专心地做一件事。是的，我愿意等上一辈子的时间，让他从从容容地把这个蝴蝶结扎好，用他5岁的手指。孩子，慢慢来，慢慢来……"

正如万物皆有时，像播种有时、成长有时、花开有时、凋零有时，教养孩子更是如此。所以，想要在焦虑时代做智慧父母，就需要你静下心，尊重孩子成长的节奏，让自己慢下来。

4. 作好心理准备，迎接新生命

小王一直期盼自己有个孩子，如今马上就要到预产期了，却突然特别害怕，害怕身体上的疼痛，更加害怕自己有了孩子以后，自己将来的生活会变成什么样子？自己又会是一个什么样的母亲？虽然快30了，却一直都觉得自己还是个孩子，现在自己还是家里的小公主，可以在父母那里撒娇、任性，自己真的可以做好母亲吗？

很多青年男女在成立家庭后，都会强烈地有一种要共同孕育一个孩子来寄托他们的希望的想法。抱有这种想法的夫妻，对受孕作好了积极的心理准备。可以让夫妻双方顺利地将情感和理智合二为一，创造出最好的孕育条件，选择最佳受孕时机，施行最积极的胎教方法，为即将出世的孩子作好一切准备。

但仍然有些夫妻缺少正确的受孕心理，毫无准备地怀孕，之后又任其自然发展。这对即将出生的孩子是一种不负责任的行为，并无法产生积极的影响。

还有些夫妻觉得自己还没有长大，却要成为爸爸妈妈了，心里自然忐忑；或者因为缺乏经验而手足无措，担心自己照顾不好孩子；又或者是因为学习、工作、生活等多方面的影响，觉得自己没有精力养育孩子，等等。有些青年夫妻暂时没有要孩子的打算，但又没能有效地采取避孕措施，导致怀孕后又犹豫不决。这种矛盾的心理状态如不及时纠正，必将对孩子产生消极的影响。

对父母而言，孩子的降临会让你目前的生活方式发生极大的转变。所以，准父母需要从思想上和心理上接受并认同自己父母的身份，明白自己在教养、培养孩子长大成人等方面的各种职责。

当准父母明白自己在为人父母之后需要付起的责任及可以驾驭的能力之后，才能找到教养孩子成人的教育理念和教养方式方法，也意味着准父母要敞开心胸，去认识和接纳孩子的天性、成长规律及学习特点。

刘女士和丈夫结婚几年了，现在准备要个孩子。为了孕育出非常健康的孩子，夫妻二人除了去医院做了体检之外，还专门开始调养自己的身体并控制自己的饮食。刘女士开始补充叶酸、锻炼身体，还会有意识地多吃一些豆类、蔬菜、水果和奶制品等。她的丈夫也开始戒烟戒酒并保证饮食均衡，保证自己的健康，为孕育孩子作好充分的准备。

因此，父母在准备孕育小生命之前，需要作好足够的准备。准备得越充分，孩子越健康。在决定生孩子之前，准父母最好到医院体检一下，对自己的健康状况做个了解。如果身体没有问题，准父母需要在要孩子的前一个月戒烟、戒酒，准妈妈也不要在孕育孩子的前一个月滥用感冒、消炎之类的药物。这样才能让孩子更健康。

下面从父母各自的角度来说明一下准父母需要作的心理准备。

（1）准妈妈需要作的心理准备

对于女性而言，怀孕前首先要改掉不良的饮食习惯，保证充足的休息和睡眠，调理好自己的身体，充分保持愉快平稳的心情，来迎接孕期生活。并静下心来，思考要如何面对孩子所带来的一大堆问题，付出自己应有的责任和义务，还要对身体即将变得臃肿也许还会变得丑等保持一颗平常心。

此外，精神心理因素不仅对人的学习、工作、生活等方面，也会对怀孕及生育产生极其重要的影响。正如医学专家也指出，人的精神心理活动受神经与内分泌系统的调节，女性更为明显，如月经的周期、经期、经量等很容易受情绪的影响。其实，女性的排卵功能也受精神心理因素的影响，卵子的受精、受精卵的发育与着床、早期胚胎的发育等都受女方精神心理因素的调节与影响。

因此，计划妊娠的准妈妈一定要调整好情绪，消除不必要的担心心理，保持愉悦的心情，这样才有利于怀孕，也才能生育一个健康、聪明的孩子。

（2）准爸爸需要作的心理准备

当妻子在家中用验孕棒自检出"阳性"，并告诉你"我有了"，你估计得适应一下才能接受这个事实。其实你们双方都在适应这个事实，而且此事也只能在你们两人之间讨论，因为你们还没有准备好对外透露这个消息。

从心理学角度讲，男人长大必须要期待一个重要的契机，就是要摆脱对母亲的依恋，而这种摆脱的阶段对于他是痛苦、焦虑的。所以男人在潜意识里对于孩子的诞生和到来总是"悲喜交加"。妻子怀孕，对于男人影响更大的是情感，因为妻子的情感势必要转移到孩子身上去，所以丈夫会有被忽视感，这种被忽视感与他童年和母亲分离的痛苦会产生联系，等于放大了他的恐惧。

所以，准爸爸在妻子怀孕期间，心理和行为都会出现不同的变化，好像一种酷似"漠不关心"。其实，丈夫并非不关心，只是由于缺乏怀孕知识，对关键问题不清楚，只能采取模糊态度。

另一方面，准爸爸对于妻子孕期常常会莫名其妙地产生委屈、伤感、抱怨、挑剔或不安等情绪，会产生很大压力。有些准爸爸对妻子怀孕给家庭生活带来的变化无所适从。例如，自己以前可能很少做家务，现在洗衣、买菜等烦琐的家务劳动一下子都要自己承担，显得手忙脚乱。

无所适从的丈夫最好立即与妻子沟通，双方互相理解和谦让，一起来适应特殊阶段的夫妻生活。此外，还需要准爸爸照顾、体谅由于怀孕而脾气变得不好的妻子，想办法让妻子放松心情，开心健康地度过怀胎十月。

5. 二胎时代，你准备好了吗

二胎政策出台至今一直备受瞩目，准备生二胎的家庭更是越来越多。在这里，下面来分析下二胎的利与弊。

好处：二胎可以让孩子不再孤单、相互有所依靠；两个孩子生活，可以让他们的性格更加开朗、活泼；当父母年迈后，两个子女也比一个人照顾父母要更好。

坏处：首先会为家庭带来一定的生活压力；其次是父母的身体、年龄不一定达到生二胎的要求；最后会让父母的时间和精力更加紧张。

二胎时代的到来可谓利弊各半，生还是不生，需要父母通过全面考虑后再下结论。如果已经有了生二胎的打算，那么父母就需要先安抚好老大，为将来家庭的和谐相处作好准备。

丹丹的妈妈和爸爸决定再要一个孩子，并在怀孕2个月后告诉丹丹即将成为姐姐，但6岁的丹丹每天跟他们哭闹着不要弟弟妹妹。为此，小小年纪的她竟以绝食来逼迫父母。看着女儿如此强烈的反应，妈妈只好含泪到医院终止妊娠。

对父母而言，家里多了一个新生命，心里自然是欢喜的。但有一个人的心里绝对是复杂的，那就是老大。有人描述老大的生活是这样的：全职保姆，照顾老二、递纸尿裤、倒垃圾桶、擦地板、哄老二等样样得干；身兼保镖工作，时刻保护老二不被小区的熊孩子欺负，还要克服自己那恐惧的小心脏，与小区的阿猫阿狗争勇斗狠。

对老大来说，从前自己绝对是集万千宠爱于一身，简直是要星星不给月亮。但这一切在老二到来之后就结束了。好像一夜之间，不仅没有人去陪他玩，自己还要帮弟弟或妹妹干这干那。更心酸的是，每当和老二发生争执时，妈妈也总是会说："你是老大，弟弟（妹妹）还小，让着他（她）点儿。"

其实，每个孩子都是父母的掌中宝，但父母的精力毕竟有限。那么，当第二个孩子出生后，父母要作好哪些准备才能不让老大伤心呢？

（1）提前向老大灌输亲情的美好

在怀二胎之前，父母可以有意识地慢慢引导老大，向他灌输家里有两个孩子的乐趣。比如，专门带孩子到有两个孩子的朋友家做客；带孩子去公园或游乐场看哥哥姐姐是怎样带着弟弟妹妹一起做游戏的；给孩子讲一些关于兄弟姐妹的绘本故事，让孩子知道弟弟妹妹的出生会给自己带来许多欢乐，自己不但可以多一个玩伴，还能成为被人崇拜的哥哥或姐姐。让孩子在潜移默化中接受弟弟妹妹的到来。

（2）尊重并征求老大的意见

生二胎要征询所有家庭成员的意见，尤其是已经有思考意识的老大的看法。当父母向老大作好引导和沟通后，孩子一般不会持有坚决反对意见。如果老大反对，父母就需要提前和孩子沟通。比如，你可以耐心地告诉孩子："等有了弟弟妹妹后，你依然是爸爸妈妈最爱的宝贝，不会减少对你的爱。""你会多一个可以和你一起玩的伙伴，多一个崇拜你的小朋友。""有一个弟弟妹妹，你就不会孤单了。"

（3）选择适当时机告诉孩子怀孕的消息

父母可以选择在孩子情绪比较好的时候告诉他将要成为哥哥姐姐的消息，而不要选择在孩子不开心或是感冒的时候告诉孩子，这样可以让孩子更容易接受这个消息。或者，父母也可以在显怀之后再告诉孩子，这样就可以让孩子直观地感受到妈妈肚子里有一个小生命，而不是直接抽象地告诉孩子："你将要有个弟弟（妹妹）了。"

（4）让老大参与到孕期准备中

如果老大感兴趣的话，可以让他与你共同决定一些关于弟弟妹妹的事情。比如，弟弟妹妹房间的颜色、家具的摆放、婴儿衣服的挑选等。不仅可以让孩子了解到自己出生时父母所付出的爱，还可以培养孩子的责任感。

（5）让老大和父母一起见证老二的孕育过程

在怀孕期间，要有意识地让老大和父母一起见证老二的孕育过程。比如，定期让老大和妈妈肚子里的孩子说话，让老大观察妈妈肚子的变化，让老大感受胎儿的胎动，等等。这样可以有效地培养老大对老二的感情。当然，这一时期，父母也不要忽视对老大的关爱，尽量保证陪伴老大的时间。

（6）平等对待两个孩子

当二胎出生后，父母的很多方式都会给老大一种"爸爸妈妈不爱我，只爱弟弟（妹妹）"的感觉。比如，当两个孩子发生矛盾时，很多父母都会习惯性地训斥老大："你是哥哥（姐姐），要让着弟弟（妹妹）。"这样的方式不仅会让老大产生失落感，还会使老二因为父母每次的偏袒而更加淘气。

因而,父母一定要公平、公正地对待两个孩子的矛盾,在了解清楚缘由后,再来批评孩子,并且做到帮理不帮人。并且无论孩子年龄大小,都要告诉他互相谦让的道理。

(7) 保护孩子的自尊心

小孩子也是有自尊心的,而兄弟姐妹之间最容易知道对方的短处,比如,谁尿床了,谁撒谎了,谁被父母批评了,等等。这些都可能成为他们互相嘲笑对方的原因,不仅不利于孩子之间的友好相处,还会伤害到另一个孩子的自尊心。同时,当孩子做错事后,父母最好也不要当着兄弟姐妹的面批评孩子,这样也不利于孩子自尊心的培养。

(8) 尽量避免比较两个孩子

有时为了激励孩子相互进步,父母会把两个孩子进行比较。比如对老大说:"你看妹妹多乖,你就不能听话点吗?"一次两次还好,长此以往,这样比较的方式就会让孩子之间产生隔阂,甚至会为了得到父母更多的夸赞、喜爱而产生恶性竞争。

6. 选择了做父母,就要把养育孩子的责任担起来

很多妈妈在产后会选择去上班,然后把孩子交给家里的老人照顾,这是很多中国父母的育儿模式。甚至还有很多父母只管生不管养,并以此为荣。殊不知,这样的教养方式对孩子来说是极其不利的。

姣姣出生后,爸爸妈妈都觉得工作比较重要一些,带孩子的事情比较简单,交给老人就行了。但老人的教养方式非常落后,在孩子还不到1岁的时候就开始教她识字,却从不注意培养孩子的习惯养成。比如,他们为了让孩子多吃点东西就放任孩子边吃边玩;把肉类嚼碎后直接喂给孩子吃;孩子要什么给什么,却很少陪伴孩子。

等到姣姣三年级时,妈妈换岗,她满心欢喜地以为自己可以有更

多时间陪伴孩子，也可以让老人轻松一些。但在陪伴孩子一段时间后，她觉得自己太想当然了。

就拿生活习惯来说，姣姣每次吃饭前都不洗手，动不动就直接上手抓。妈妈好说歹说，耐心教导她要洗手，她却怎么也不改，还说："在爷爷家就不洗手。"

每次教训孩子时，奶奶都会认为妈妈大惊小怪。而最让妈妈头疼的就是孩子的学习习惯，姣姣每次写作业总是左顾右盼，一点儿也安静不下来，或者一边看电视一边写作业。看到孩子这样，妈妈总是发火："再这样就不许出去玩！"然后还专门交代老人看着。谁知没一会儿工夫，孩子就被爷爷带到公园去玩了。

每到这时，妈妈总是后悔："要是当初自己带就好了。"

"请不要轻易把孩子交给老人带。"这句话是有一定道理，一般把孩子交给老人抚养都会产生许多不良后果。比如孩子会因为亲情缺失，形成感情淡薄的个性；养成诸如骄纵、任性、生活自理能力差等不良习惯。

针对这样的现象与问题，规劝年轻的爸爸妈妈：为人父母，教养、抚养孩子，是你应尽的责任与义务，请给孩子尽量多一些关爱，把养育孩子的责任担起来。

那么，为人父母，要如何解决隔代教养的问题，并把教养孩子的责任担起来呢？

（1）确定第一责任人

确定一个稳定的责任人，可以避免教养观点的不一致。一般最好由母亲来担当，或者父亲也可以。在教养孩子这方面，父母必须基本保持一致的教育观点。

（2）控制自己的情绪，尊重为自己带孩子的父母

人的情绪一旦失控，就很难好好说话。所以，当有情绪时，不要直接顶撞父母,这样只会妨碍沟通效果。你可以先让自己的情绪缓一缓,然后再和父母说:"妈,我觉得你这样不太好。"当你付出足够多的尊重和关注,尊重父母、尊重父母的智慧,父母才会予你尊重。

比如,遇到问题时问父母:"您看我这样做对吗?"也许父母会不理解,但你可以让对方感到自己是被尊重的。时间一长,家庭氛围就会发生变化,孩子也会在这样的过程中学会尊重与被尊重。

(3) 两代人之间可以有争论,但不要争吵

争论可以让孩子看到更加全面的信息,增强对事物的看法,使孩子的思路变得更加开阔。比如,当孩子在遇事时,会知道自己可以这样做也可以那样做,换一种方式还可以做得更好。如此就会让孩子产生自尊和自信。争吵则不然,这种行为会引发家庭氛围的紧张,破坏孩子的安全感和家庭稳定。

(4) 带着老人一起学习进步

很多时候,老人没有意识或不知道怎么做,才会作出错误的教养方式,年轻的父母可以带着老人去体验、接触早教之类的意识,以此来获得教养方面的支持。比如,可以带着老人去听早教类型的讲座,或者可以下载一些育儿视频,空闲时陪老人一起看看。

(5) 避免对孩子唠叨、责备、比较

在教养孩子的过程中,父母需要注意一下,孩子对父母的唠叨很厌烦,过多的唠叨还会让孩子产生逆反心理;当孩子想要做一件事情或已经做了一件事时,很多父母都会说"不许这么做""不应该这样做""不能这样做"等。时间一长,就会让孩子产生自我设限和自我否定的心理,不利于今后的发展。每个孩子都被与"别人家的孩子"作过比较,因此父母的唠叨会打击到孩子的自信和自尊。

为人父母,就需要明白:孩子是自己生命的延续,在教养孩子方面如果出现什么问题,是无法用任何东西弥补的。因此,父母要将对孩子的教养当作自己人生中的一个重要部分,懂得为孩子负责。

7. 为人父母，要树立终身学习的理念

看到过这样一个故事：

一位在上海长大的犹太人妈妈，带着自己的三个孩子回到以色列后，一边辛苦劳作维持着艰难的生活，一边秉承着"再苦不能苦孩子"的原则，努力做一个合格的妈妈。

她的邻居看到她这样，有一天终于忍无可忍了，走过来训斥最大的孩子："你已经是大孩子了，你应该学会去帮助你的母亲，而不是在这看着母亲忙碌，自己就像废物一样。"然后又转过头来训斥妈妈："别以为生了孩子你就是母亲。"

这个邻居的话给那些认为"生了孩子自己自然就是父母"的家长们一个警示：生孩子只能证明你有生理上的生育能力，但并不能代表你已经有了教育上的养育能力。而所谓的养育能力，则需要父母不断地学习，才能成为真正的好父母。

在社会发展的今天，"父母学"是一门新的学科，里面有着为人父母所需要终身学习的理念和方法，让大家更加了解自己、了解孩子。

在了解自己方面，父母需要经常问自己："我是一个合格的妈妈（爸爸）吗？"所谓合格，并不单单只是照顾孩子吃饱穿暖，还需要坚持思想上的基本原则。比如，很多父母在孩子摔倒后总是喜欢责怪周围的环境，像拍几下凳子、跺几下地板，表示"都是因为你才让我家孩子摔了"。渐渐地，就会在无形中给孩子养成找借口的习惯。

换个角度来想，如果孩子不小心摔倒了，妈妈先问一下："你还好吗？"然后在孩子回答"还好"后再问："需要帮忙吗？"最后在孩子的情绪平静下来后再说："以后要慢点儿啊！"如此一来，就可以逐渐培养孩子的独立性和解决问题的能力，也给了孩子极大的尊重，让孩

子产生"自我负责"的心理。

在了解孩子方面，父母要了解孩子的内心，一般可以通过引导的方式让孩子表达自己的想法。比如你可以问孩子："早餐要吃包子还是油条？"而不是直接说："早餐吃包子。"像这样引导孩子作决定的方式，可以让孩子学会思考和表达。相反，代替孩子作决定不会达到这个效果。

有人曾这样评价现在父母普遍存在的问题："要求太多，赏识不够；包办太多，沟通不够；粗暴太多，倾听不够；给予太多，独立不够。"甚至有小学生表示："没有几个家长是真正合格的，整天就知道让我们学这学那，从不和我们谈论学习之外的任何事。"

当父母在数落孩子的诸多不是时，应该自我反省一下：孩子的这些不良行为是不是因为自己的家庭教育所导致的。比如，孩子自私，是不是与你从小就以孩子为中心有关？孩子胆小，是不是你总是告诉他外面坏人多而导致的？

有一份"母亲素质调查"显示：认为妈妈需要加强学习、提高自身修养的孩子占 75.8%；希望妈妈可以改变她的教育方式，和他们多交朋友的孩子占 80.2%；要求母亲尊重自己的个人爱好，给予自己独立成长空间的孩子占 67.3%；认为妈妈能够令自己产生敬佩、仰慕之情的仅仅是接受调查者总数的 7%。

对孩子来说，他们理想中的"现代妈妈"应该是这样的：懂电脑，化淡妆，少说教，多给点空间，有气质，爱学习，像个朋友一样。而更多孩子所喜欢的父母类型是：父母不在孩子面前吵架，父母之间相互谦让，任何时候都不会对自己说谎，不在亲戚面前说自己的过错，尽量答复自己的问题，不会用忽冷忽热的态度来对待自己，等等。

从这里可以看出，想要培养孩子，就需要先了解孩子，懂得孩子真正的需求，成为孩子的朋友，父母才能更好地实现对孩子的自信心、自尊心、责任心、主动进取等好习惯的培养。而在这个过程中，当父母学会如何教养孩子时,孩子也必然会感受到来自父母的关爱,学会理解和珍惜父母的付出,并把它继续传递下去。

每个父母都会爱孩子,这是人特有的本能,但如何去爱孩子,却是一门平凡而又伟大的学问。你不得不倾注自己所有的心血,才能有所收获。同时,做父母也是这个世界上最难的工作,在这方面,人人都是没有经过培训就直接上岗的工作者。为了更好地教养孩子,大家都只能边学边做,和孩子一起成长。

就像在《遇见孩子,遇见更好的自己》一书中所说的:"对于我来说,我将会第一次做宝贝的母亲,而宝贝也是第一次做我们的孩子。我们可能都不会完美,但在成长的过程中,愿意与宝贝一起成长,共同遇见 better me!"

第二章　成长规律就是教育规律

1. 自我意识的敏感期

幼儿终于熬过了婴儿完全无法自理生活的时期，两岁左右的时候能跑能跳会说话了，可是依然让人头疼不已。他们开始拒绝父母的一切吃饭睡觉洗澡的安排，喜欢用手拍打别人，喜欢抢其他孩子的玩具，对自己的活动空间特别敏感，有其他孩子进入房间甚至会发出尖叫。

不少父母大呼："我的孩子怎么了？"有的爸爸妈妈特别着急，对孩子进行了相应的惩罚，比如打手心、关禁闭、打屁股等。但是并不管用，孩子还是会有很多拒绝配合、不听话的行为。

事实上，孩子在 1 岁半至 3 岁之间会出现自我意识成长，不过因个性差异会出现得或早或晚。处于自我意识敏感期的孩子开始把自己和其他人、事物区分开，开始有了自我认识、自我情绪体验、自我所有权意识、自我控制意识。简单来说，孩子会在这一阶段思考"我是谁"这样的高深哲学问题，尽管他们的小脑瓜找不到答案，但是他们会用种种行动宣告自己的反叛精神。

所以，这一阶段的孩子人见人烦。但是自我意识敏感期是儿童所有敏感期中最重要的时期，是孩子未来构建人格最早期的映射，因为孩子未来要成为什么样的人，未来的内心是不是强大，都源于自我意识敏感期的形成。

心理学上有个经典的胭脂测试实验，研究者在 6 个月到 24 个月大的孩子鼻子上涂红胭脂，把他们放到镜子前。大多数 18 个月大的孩子和全部 24 个月大的孩子都会触摸自己鼻子上的红色部分，明显地意识到自己的脸上多了一个红点，并清楚地知道镜子里的那个孩子是谁。实验表示，这一阶段的孩子逐渐了解自己的身体和形象，意识到自己的存在。

妈妈跟童童去散步，约好了回来就洗澡，童童也答应了。可是到了浴室前，童童就开始不满意了。以前妈妈在浴缸里放水的时候，童童就会玩水，往浴缸里放小鸭子玩具。可是这一次，童童却看着浴缸一句话也不说，妈妈给她脱衣服的时候，童童就大叫："我不洗澡，我不洗澡！"

妈妈说："不是说好了洗澡吗。你是想说话不算数吗？"可是无论怎么哄，童童都拒绝洗澡，妈妈很纳闷，童童之前是很喜欢洗澡的，这一次也不知道是怎么了。最后，哭闹了半天，童童哭累了，妈妈也累得够呛，只好抱着童童去睡觉了。

处在自我意识敏感期的孩子很令人头疼，对孩子听之任之，容易让孩子变得骄横无礼；对孩子严格管教，又压抑了孩子的个性成长。所以在这一阶段的教育应该使用一点技巧，巧妙地拒绝孩子的不合理要求，并引导孩子往良好性格上靠拢。

（1）不要谴责孩子的行为

孩子的成长过程就是一个自我建构的过程，他会通过占有属于自我的物品来区分自己和别人。所以，他通过抢别人的玩具，来感受到自己的存在。当孩子对自己的玩具管得很紧，不许别人碰，又去抢其他小朋友的玩具时，父母不要过分谴责孩子的行为。孩子不是自私，所以不用大惊小怪，应该对孩子进行耐心的教育，让孩子找到正确的自我认知。

（2）帮助孩子与人分享

父母要主动引导孩子去跟人分享，当孩子与其他小朋友抢玩具的时候，父母可以帮助孩子与小朋友说借玩具玩一会儿，并且告诉孩子把自己的玩具分享给别人。这样次数多了，孩子就会明白分享其实是一件很快乐的事，开始学会与其他小朋友轮流交换玩具或吃的。

不过，千万不要因为孩子不愿意分享就责备他或冠之以"小气鬼"之类的称号，因为孩子在还没有学会主张所有权的时候就强迫他们去分享，很容易养成他们的依附性格。

（3）鼓励孩子表达自己的意见

孩子在自我意识萌发时，最需要的就是认识到自己，父母引导孩子去表达自己的意见、想法，能够很好地让孩子意识到自己的成长。一些跟孩子相关的小事情，完全可以让孩子自己作决定，不用进行干扰。这样成长起来的孩子大多独立自主，有自己的想法，对事物有深刻的思考。

（4）用绘本情景再现

绘本是非常好的教育道具，通过一张张丰富多彩的图片，父母可以给孩子讲很多道理。比如，对人友好打招呼，在公共场合去排队，与其他小朋友交换玩具，等等。当孩子出现自私的情况，父母不一定要大声呵斥，可以等到夜里给孩子讲故事的时间，用绘本里面的小动物把白天的事情重新讲一遍，告诉孩子懂得分享的道理。这远远要比强硬制止要好得多。

这一阶段的父母要做的就是平衡孩子的自我意识，既不让孩子自私自利，又不让他过分顺从，帮助孩子懂得分辨是非，有自尊心和自信心。父母可以每天都问孩子一些主观性的问题，比如"你觉得这本书怎么样""你觉得那幅画好看吗"。这样的提问可以提高孩子自我意识的成长。

孩子的瓶颈期有很多，让大家一起以平和、略带喜悦的心态，面对孩子一个又一个敏感期的到来吧，因为这意味着孩子又要成长了。

2. 走路早的孩子更聪明吗

对于孩子走路的问题，不少父母都在潜意识里认为：走路早的孩子更聪明。事实真的是这样吗？如果孩子走路发育慢，需要主动干预吗？

一般来说，婴儿在6个半月时能够自己坐，也有的婴儿过了1岁后才能坐起来；婴儿学会走路的年龄通常是12个月，其变化范围在8个半月到20个月之间。

瑞士苏黎世儿童医院对200名婴儿进行了长期监控，一直到18岁。调查发现，早早学会走路与孩子今后的成长发育之间几乎不存在任何联系，他们在智商和手眼协调能力方面并无明显优势。也就是说，9个月就开始走路的婴儿以后不比那些学步稍晚的孩子更加聪明。

孩子走路的早晚与智商没有太大的关系，大部分孩子学会走路的平均月龄都是12个月。因为每个孩子都有个体差异，比如体质、心理等，所以晚几个月学会走路完全不必担忧。当然，到了20个月还学不会走路，就应该到医院检查一下了。

人的小脑发育决定身体的平衡能力，也就是说，孩子的小脑发育比较好，走路的时间就会提前，智商的高低则受到大脑发育的影响。所以，走路的早晚不能决定孩子的聪明与否，切不可通过这样一个错误的常识来判断孩子的智商。

有些父母比较着急，在孩子还没有自主意愿走路的时候，就开始强迫孩子进行走路练习，这种揠苗助长的教育对孩子的成长发育是没有好处的。孩子学会走路是一项本能，是一件特别自然的事，所以只要顺着孩子的意愿，进行简单的练习，孩子都是能够学会的，完全不用着急。

学习走路是一个成长的过程，有些孩子之所以走路晚，是因为怕摔倒，他的身体已经准备就绪了，可是心理上还不能适应。从扶着东西慢慢站起来到慢慢移动，再到迈出蹒跚的步伐，这对于孩子来说都非常不容易的，需要父母的鼓励与支持。如果在孩子心理还作不好准备的时候就强迫他去走路，结果摔了好几跤，孩子就会害怕走路，以至于没有人扶的时候就不走。

父母可以拿孩子喜欢的玩具，吸引他一步一步走过来拿。最开始时，距离不要太远，慢慢地增加距离，建立孩子走路的自信。千万不能甩开孩子的手，让他自己去走。这一阶段与孩子疯跑摔倒要他自己站起来不一样，这是孩子迈出的人生第一步，必须要给他强大的支持才行。

孩子在学习走路的过程中，可能会出现用脚尖走路的情况，一般是踮着脚尖、身体向前倾。这种情况下也不用担心，基本上都是孩子调皮或走路习惯不好而已。如果孩子刚开始学走路就踮着脚尖并且总是摔跤，那就有必要到医院去检查一下，这种情况不容忽视。

有的孩子会出现"O"形腿的情况，这一阶段的孩子年龄太小，骨骼还在不断地生长发育，骨骼也比较软，所以当腿部支撑起整个身体时，小腿就会看起来有点弯曲，像"O"形腿。还可能出现足尖向内或向外翻的情况。但这都属于正常现象，随着不断地生长发育，大部分都会自行矫正。

有些父母可能会问："学步车管用吗？"很多繁忙的父母图省事买学步车，或者用亲戚朋友送的学步车，但是不太清楚这东西到底管不管用。其实并不建议给孩子使用学步车。首先，学步车有一定的安全隐患，孩子使用了学步车之后，往往喜欢踮着脚走路，结果就会往前扑倒。其次，调查显示，使用学步车可能会导致孩子更晚学会走路。因为孩子一直坐在学步车上，用脚尖迈步，依靠学步车实现了行走，而孩子的大腿肌肉并没有得到锻炼，而这是非常关键的。所以，一旦孩子离开学步车，他将会比同龄小孩更晚地学会走路，而且协调能力也会变差。

很多父母把孩子的成长当作是一场又一场的比赛，比谁家的孩子先学会叫爸妈，谁先学会走路，等等。先学会走路更聪明、先学会说话更聪明等无疑是思维误区，反映了父母们望子成龙的心态。

孩子的成长过程漫长，要充满耐心，成长不是班级考试，一定要分个名次。适合自己的成长轨迹才是最好的，每一个孩子的发育都不相同，所以完全不能摆在一起相互比较，否则受到伤害的是孩子。

3. 警惕说话晚的孩子

"我儿子快两岁了，可是只会叫妈妈，姥姥说这是贵人语迟，真的不用着急吗?"陈女士拿不准主意，儿子白白净净的，大眼睛水灵灵的，就是没学会讲话，高兴的时候就"嗯嗯"地叫，说不出一个完整的词。看着不少和儿子同龄甚至比他还小几个月的孩子都已经能说会道了，陈女士开始越来越着急了。

不少父母都认为孩子说话晚是大器晚成，孩子说话越晚越聪明，就像武侠小说里的郭靖，四五岁还不会说话，最终成长为一代大侠。这种观点是完全错误的，当然，说话早代表聪明也是错误的。孩子由于个体的差异，开口说话的早晚是不一样的，不要急着给孩子扣上智力高低的标签。

孩子学习语言的过程可以分为三个阶段，第一阶段学会正确发音和称呼，第二阶段理解别人说的话，第三阶段是用自己的话把思想讲出来。

一般来说，1岁之前的孩子是语言准备期，孩子咿咿呀呀说个不停，正是在进行语言的积累。到了1岁半左右，孩子处于语言理解阶段，开始懂得父母说的话，但是表达能力有限，只能用简单的字表达语言，比如，"饭"是想吃饭，"玩"是想玩玩具。孩子都是先理解名词，再慢慢理解动词、形容词等。

　　1 岁至 3 岁之间，孩子的语言能力会飞速发展，逐渐地开始尝试与其他人交流，并能够进行对话。但是孩子个体差异和成长环境不同，有的孩子不到 2 岁就能够说话流利，有的只能说简单的叠字。

　　2 岁至 3 岁是孩子语言发展的关键时期，语言表达能力在这段时间发展最迅速。父母应该营造良好的家庭氛围，着重开发孩子的语言能力。

　　孩子说话晚可能是以下几种原因导致的：

　　大多数孩子不肯说话是家庭因素的影响，要么是对孩子的语言刺激不够，要么是包办太多，你教一句他教一句，在孩子还没有表达出意愿的时候，父母就替孩子表达，孩子就失去了自己表达的信心。也有极少数的父母拿孩子的发音不准当笑料，被伤害了自尊心的孩子自然不愿意开口。

　　有时，听力有问题、发音器官有问题也会引起孩子说话晚，这一点需要在医院检查。另外，孤独症或者叫自闭症也会引起孩子说话晚，这样的孩子有语言交流障碍。学者们研究发现，对发育时期孩子的大脑有负面影响的各种因素，都可能是造成孤独症的原因。

　　孤独症的孩子，男孩比女孩的发病率要高得多。约三分之二的孩子出生以后就逐渐出现孤独症的表现，三分之一的孩子在生后的一两年内一直是正常的表现，之后出现退行性的改变，才开始发病。

　　对于孩子来说，语言的刺激越早越好。孩子的语言储存期应当从胎儿阶段就开始，孩子听到的悦耳的声响越多，父母的声音越多，孩子在语言爆发期的表达越顺畅，语言能力更强，心理也越健康。

　　在孩子出生后，爸爸妈妈要积极跟孩子说话，在喂奶、换纸尿裤、洗澡时，父母对孩子说话要温和，表情要夸张，加大动作幅度，以表演的形式向孩子说明你正在做什么，吸引孩子的注意力。说话时，父母要看着孩子的眼睛。

在教孩子说话的时候，要注意几点：

（1）要注意发音和用词的准确性

有些家庭不注意发音标准，用家乡方言跟孩子说话，这会使孩子以后面临困扰。所以不要用方言或俚语跟孩子说话，尽量用标准的普通话和孩子交流，说话要速度缓慢、发音清晰。

（2）鼓励孩子用语言表达意愿

当孩子想表达自己的意愿时，父母不要马上替孩子说出来，应该引导孩子学习和使用新词汇。当孩子需要父母帮助的时候，父母不要过分勤快地满足孩子的需求，要鼓励孩子用语言来表达自己的意愿。让孩子感受到语言的力量，从而为孩子使用语言提供正面的体验。

（3）营造良好的亲子沟通氛围

良好的亲子沟通氛围会把孩子当成平等的大人，遇到问题不会独断专行，而是询问孩子的意见。在全家外出游玩的时候，要鼓励孩子把看到的东西告诉父母，然后父母再讲给孩子更深刻的知识。与孩子说话时，尽量不要使用命令、要求、否定等语气，多使用请求、协商、肯定等语气，让孩子在交流中获得尊重感。

（4）语言环境不要过于复杂

有些家庭，祖辈、父辈及保姆使用的语言各不相同，年幼的孩子根本无法理解这些各不相同的语言，表达自然也会滞后。多语言环境的直接后果就是导致孩子说话晚。所以，建议想让孩子掌握多种语言的家庭，最好先让孩子掌握母语，然后再学习其他语言。

（5）测试孩子的语言发展系统

如果发现孩子的语言发展比较迟缓，可以在家里作一些简单的测试。先作一些听力上的测试，检查孩子的听力是否有问题，再检查孩子声带等发音器官有没有问题，然后通过念给孩子很长的句子，来观察孩子对语言的反应力，看他是否能理解别人说的话。如果仍然语言发育缓慢，那么就要到医院进行彻底的检查，听医生的吩咐。

4.3 岁看大是真的吗

中国自古就有这样一句话："3 岁看大，7 岁看老。"意大利著名教育家蒙台梭利也曾经说："人生的前 3 年胜过以后发展的各个阶段，胜过 3 岁直到死亡的总和。"3 岁左右是儿童大脑、心理、生理发育最为迅速的时期，从孩子的心理特征、个性倾向，能够看出他整个人发展的雏形，这一阶段接受的很多教养将会伴随孩子一生。

有实验证明过这一点：1980 年，伦敦国王学院的精神病学家和卡斯比教授对 1000 名 3 岁小孩作了调查。他们把孩子分为"充满自信""适应能力强""沉默寡言""自我约束"和"坐立不安"5 类。

随后就开始对这些孩子进行跟踪调查，到了 2003 年，这些孩子 26 岁的时候，专家们再次把孩子集合起来，又进行了一番对比调查。结果发现，当年"充满自信"类的孩子，成年后性格外向，做事坚决果断，大多数为经理、领导。

"适应能力强"类的孩子，成年后表现出了自信、有主见的一面，遭遇家庭变故也不会精神颓废，而是继续奋发努力。

"沉默寡言"类的孩子，成年后无论是生活还是工作都小心翼翼，不去打扰别人，也不愿别人来打扰自己，一直很少说话，与世无争地生活着。

"自我约束"类的孩子，成年后有良好的生活习惯，生活规律稳定，待人接物也彬彬有礼，不会随便发脾气。

"坐立不安"类的孩子，成年后工作时行为消极，更容易发怒或愁眉苦脸，外界的评价是心胸狭窄、容易紧张。

3 岁左右就已经定下一个人的性格，除非日后遭遇大变故或挫折，否则不会轻易改变。孩子的脑细胞组织大都在 3 岁左右完成了 60%，这一阶段的孩子学什么都快。包括身高，在 3 岁左右也能够看出将来的发展。

把握好 3 岁的教育黄金期，能够帮助孩子构建一个美好的未来。这一阶段孩子如果出现高危的性格信号，父母一定要进行及时干预。

小迪是个不合群的孩子，很难参与到与其他小朋友的游戏中，玩一会儿就跟人打起来了。因为小迪总是不遵守游戏规则，或者必须要当游戏里的老大。这令小迪父母头疼不已，他们跟小迪沟通过很多次，小迪也不说话，最后只好放弃了。他们心想：小迪不愿意玩就不玩吧，有那时间还不如背背古诗、学学算术，将来上小学有用。

就这样过了几年，小迪上了小学。上学第一天，老师就把小迪父母叫了过去。老师表示小迪一上午就跟别的孩子打了两架，还抢别人的东西。小迪爸爸狠狠地骂了小迪一顿。可是没有用，小迪要么被其他孩子孤立，要么欺负别的孩子，无论转去哪所学校、哪个班级都是如此。

很多孩子在这一阶段会表现出敏感、易怒、自卑、害羞等性格，父母要对症下药，给孩子培养一个好的性格。除此之外，这一阶段也不能忽视对孩子的智商和情商的教育。

3 岁的孩子最喜欢听故事，睡前故事是给孩子普及知识的最好方法。可以选择一些浅显易懂、短小且有教育意义的小故事，为孩子讲解，之后让孩子听了之后用自己的话复述出来。孩子可以根据自己的理解，简单地陈述。这也是训练孩子语言表达能力的有效方式。

对于 3 岁的孩子来说，他们的知识层面还非常浅显。为了增加孩子的知识层面，提升孩子的智力，父母可以在日常生活中为孩子讲解生活中的一些小常识。比如，你和孩子逛街的时候，可以教给孩子路上的红绿灯常识。

在情商的培养上，要主动锻炼孩子的交际能力。孩子最好的沟通对象就是爸爸妈妈，所以父母一定要抓住跟孩子相处的机会，不断地跟孩子进行沟通交流，多问问幼儿园中发生的事情，征求孩子对事物的看法，这些都是启发孩子情商的关键。并且还要鼓励孩子多与其他人交流，很多孩子见了大人就躲着不敢说话。其实，越是这样越要锻炼孩子的说话能力，与人交往是最锻炼情商的。

印度"狼孩"卡玛拉被人发现时已有7岁多，身上毫无正常儿童的特征，没有语言能力，不能直立行走，更不会与人交流。重返人间后经过长达6年的专业人员的护理，也只学会走路，到17岁时才学会十几个单词，智商只有4岁孩子的水平。这个事实表明，如果错过了孩子学习关键期的教育时机，将造成不可逆转的后果。

在孩子3岁左右，一切都将成型，能够改善的问题最好立刻改善，能够教育的知识、性格最好立刻教育。不要等到孩子长大了，开始有自己的很多主见的时候再去管教，到时候就难上加难了。

5. 不要错过培养孩子自理能力的关键期

在爸爸妈妈、爷爷奶奶等亲人全方位照顾下的孩子，难免会出现自理能力差的问题，到了五六岁还不能自主穿衣吃饭，根本就离不开大人。

佳佳就是一个自理能力差的孩子，衣来伸手，饭来张口，对生活一点概念没有，一直生活在大人的庇护伞下，大人也从不让佳佳做任何家务。

有一天，妈妈给佳佳带了一个熟鸡蛋去幼儿园。可是佳佳根本不会剥蛋壳，就饿着肚子，也不会去问问老师。下午放学又把鸡蛋原封不动带回家了，把妈妈气得哭笑不得。

由于佳佳不会穿、脱衣服，在幼儿园里没少因为这事被其他小朋友嘲笑，佳佳自己也很郁闷。妈妈赶紧教她，她学了很久也没学会。

　　大人们的溺爱很容易让孩子养成依赖型人格，并且导致自理能力很差，一些生活基本技能完全不懂，不敢一个人睡觉，有事就喊爸妈。也有的父母不知道什么时候锻炼孩子的自理能力，太早了，孩子怎么都学不会；太晚了，又已经来不及了。

　　1岁是培养孩子自理能力的第一个关键期。这一阶段的孩子自我意识萌芽，如果你仔细观察就会发现，孩子在这时已经开始有独立的想法，想自己穿衣服、自己吃饭，甚至抢过妈妈手里的勺子。而大部分父母担心孩子做不好，就拒绝孩子的独立，开始大包大揽。这就大错特错了。父母要做的就是给孩子自己动手的机会，在正确的时候去做正确的事，能够锻炼孩子的动手能力，也能锻炼独立自主的心理。不要因为怕孩子把碗打翻就不让他们自己吃饭，不要因为怕孩子穿衣服慢就替孩子穿，这属于剥夺了孩子学习的机会。往往在此阶段，父母就把孩子自理的念头扼杀了。

　　当然，孩子自己吃饭肯定不靠谱，弄得饭粒满身都是。所以可以使用一些技巧。比如，准备一碗豆子、一个勺子和一个开口较大的瓶子，在瓶子上贴一个动物造型，告诉孩子："这是一个小动物，它的肚子很饿，很想吃豆子，我们一起来喂它吃豆子吧。"然后，你示范怎样将豆子舀起来倒进瓶子里，再鼓励孩子舀豆子。

　　孩子如果没有在1岁至2岁的关键期养成自理的习惯，越成长就越难自理，孩子会开始不愿意承担自己的责任，在心理上永远无法断奶，甚至缺失基本的生存能力。培养孩子自理能力要注意以下几点：

（1）营造宽松的氛围，学会耐心等待

　　孩子还很小，做不好事情是正常的。他们可能拿着筷子却夹不起饭菜，穿衣服半天找不到衣袖的入口。在这种情况下，父母要给予孩子极大的耐心。很多父母清晨上班赶时间，赶紧给孩子穿上衣服送幼儿园。与其这样，不如早起一点，教孩子自己穿衣服，并对孩子保持耐心的态度，无论他穿多久都在一旁陪着他。这样的教育对孩子来说是极大的帮助。

（2）给孩子充足的鼓励

孩子在年幼时受到的鼓励，他们会记一辈子。孩子在自理过程中做不好事，他们自己也很沮丧，变得不耐烦，摔打东西。这个时候，父母要给予孩子最大的鼓励和帮助，用温柔的话语让孩子重拾信心，并教给孩子相关的知识，比如系扣子的技巧、用筷子手指的配合等。

聪明的父母永远都会用欣赏的眼光来看孩子，并对他们的成绩及时地赞赏，有自信心的孩子才能主动走向自理。

（3）为孩子创造自理机会

不要对孩子的生活大包大揽，而应该主动为孩子创造自理的机会，多去锻炼孩子在一个人的情况下处理生活琐事。父母可以跟孩子玩一些"看谁穿衣服快"的游戏，或者告诉孩子自己去把被子叠上，然后就会有大餐。尤其工作比较繁忙的父母，最好不要请保姆把一切都处理好，完全可以让孩子自己去处理自己的事，这适用于稍大一点的孩子。更多的时候，父母只要给孩子提供机会就行了，而不需要来教他怎么做。

（4）鼓励孩子为自己服务

让孩子找到自己处理自己的事情的乐趣，让他们明白人就应该收拾好自己的房间，就应该自己穿衣服，甚至自己找饭吃。如果孩子自己收拾了房间，不妨说："真棒，能自己收拾自己的房间了。"而尽量少说："真棒，能帮妈妈做家务了。"如果孩子撒娇犯懒，想要让爸爸妈妈帮他做事，不想拒绝也得拒绝。懒惰的思维一旦养成，日后就很容易变得越来越懒，自理能力就开始荡然无存了。

在每一个成长阶段，孩子都有自己的成长任务，在日常生活中都有自己能够独立完成的一些事情。比如，一个 2 岁半左右的孩子，可以自己吃饭、背书包、整理玩具等；4 岁至 6 岁的孩子，可以自己洗脸刷牙、洗澡、上厕所、整理衣服和床、清洗盘子等；6 岁左右即将进入小学的孩子，可以自己整理书包、做一些简单的食物、叠被子和衣服等。

6. 开发孩子的右脑

美国学者吉尔·泰勒的名为"我的中风经历"的演讲视频，有超过 1000 万人在网上看过。她的演讲很震撼，讲的是她曾经因中风差点丧命，从而开始观察自己大脑的功能。她提出摆脱常用左脑的习惯，去多开发右脑。

人的大脑分为左右脑，左脑负责语言和抽象思维，右脑主管形象思维，包括音乐、图像、几何空间鉴别能力。父母们在教育孩子时会犯"重左轻右"的毛病，也就是注重开发小朋友的左脑，即逻辑思维能力，包括数学、符号、逻辑分析等，却忽略了对右脑，也就是形象思维的开发。

很多著名的大科学家如爱因斯坦、居里夫人等，他们的共同之处就是都有着发达的右脑。人脑在 6 岁以前完成 90% 的发育。因此，6 岁以前是开发右脑的黄金时期，千万不能错过。

右脑也被称为"艺术脑"，促进它发育的方式不难，在 6 岁以前这段大脑发育的黄金时期，父母可以这样做：

（1）给孩子听音乐

右脑具有音乐欣赏能力，给孩子听音乐，在播放钢琴曲时，让孩子用手指模仿弹琴的样子；听小提琴曲时，让孩子模仿压琴弦的样子。这不仅能培养孩子的音乐素养，也能够使孩子的右脑得到开发。

听音乐的最佳时间最好是清晨和傍晚，古典钢琴、小提琴是极好的，一些旋律优美的流行音乐也是可以听的。这个过程中，你会发现，孩子可能会对音乐很敏感，会手舞足蹈、面露微笑，就能够摸索到自己的孩子喜欢什么样的音乐，让孩子从小受到音乐的熏陶。

（2）让孩子学习绘画和观赏画作

右脑具有绘画感觉能力，所以让孩子练习绘画，能够很好地锻炼右脑。可以多带孩子去欣赏绘画作品，很多画作都具有不常见的图画形状，充满想象力的画作可以激发孩子右脑的发育。

并不一定要学专业的绘画，孩子平时喜欢涂鸦，就放手让孩子尽情发挥，这也是很强的绘画训练，包括视觉感受、动手能力、听觉描述、语言理解等能力，对右脑刺激也是多方面的。

父母可以在纸上画一顶圆圆的帽子，让孩子用笔描画部分曲线，看看这一条线是帽子的哪一部分。也可以妈妈画一段曲线，告诉孩子这是帽顶，让他继续画出帽檐。这样的游戏是锻炼抽象思维的。

（3）让孩子做简单家务

父母可以有意把房间弄乱，然后跟孩子一起来收拾房间。孩子开始时可能做不好，不知道如何使用抹布，不知道如何区分垃圾，要给孩子耐心的指导，一起做家务的时光也是很幸福的。同时，做家务还能够提高孩子的动手能力，减轻了父母的负担，让孩子从小就养成勤快的好习惯。

（4）让孩子做体育运动

适当的体育运动能强身健体，令孩子的骨骼健康发育，也能令右脑快速成长。体育运动有很多关于平衡性的动作，这都是在刺激右脑运动细胞的发育。打乒乓球、羽毛球，踢足球，潜水游泳都是适合孩子的运动，但是不要过量，还是以玩乐为主。父母要在孩子做运动的时候作好看护，以免发生运动损伤。

玩卡片、搭积木、投球等运动，这一阶段的孩子都能玩得很不错。这段时间，应该设法让孩子多做些使用双手的游戏和作业。双手不够灵活，就如同有雄健的体格却没有体力一般，是很可惜的。

（5）给孩子讲童话故事

给孩子多讲童话故事也能够锻炼右脑。因为童话故事富于想象力，由父母一字一句地讲出来，孩子在脑袋里就会随着情节发展幻想人物、场景，这对于右脑的图形思维能力是非常好的促进。所以给孩子讲睡前故事并不只是哄他睡觉那么简单，一定要认真对待，不能敷衍了事。

(6) 多改变孩子的环境

孩子总是在一个环境下待惯了，可以给孩子换换环境，比如送孩子上幼儿园时不妨有意改变路线或玩捉迷藏。

除此之外，只给孩子看小动物身体的某一部分，让他想象整个小动物是什么样子；将一幅画的一部分遮起来，让他猜其他部分是什么样的；放一堆糖果在桌上，训练他用目测法判断糖果的数量，这些方法都可以很好地刺激孩子的右脑发育。

父母要有意提高孩子左手的"出勤率"。大部分人的习惯都是使用右手，所以右手的灵活度常常要比左手高好几倍，这也是让我们右脑发育较差的原因之一。多鼓励孩子使用左手，多跟孩子玩双手并用的游戏会有很好的效果。

虽然6岁以前是孩子右脑开发的最佳时期，但不等于说过了6岁以后，孩子就无法训练并运用右脑的潜能了。事实是，任何一个孩子只要方法得当，都是可以进行右脑开发训练的，且都会取得良好的训练效果。

7. 孩子几岁开始学外语比较好

很多父母是认为学习外语越早越好的，甚至有些英语培训机构还把目光瞄准了3个月大的孩子。孩子学习母语的时间是越早越好，那么学习第二语言也是越早越好吗？

曾经在美国发生过一起惨案，一个女孩被精神不正常的父亲关在了房间内3年才获救，因为长时间接触不到语言，即便是加州大学的语言专家专门教她，她的语言能力也始终不正常。还有一个孩子也被关起来过，在6岁的时候才被救出来，而这个孩子学起话来飞快。虽然别人有 7 年的说话经验，而他只有 1 年，但是他很快就迎头赶上了。

这两个案例对比出学习语言关键期的重要性，一个孩子处在语言关键期，并得到良好的教育，语言就会突飞猛进，而错过关键期，再想要达到平均水平就很难了。

一般来说 3 岁至 12 岁是学习外语的关键期。教孩子外语并不是越早越好，尽量不要给学龄前的孩子太大压力，逼迫孩子学习外语等科目。在孩子 2 岁至 3 岁的时候应该以熏陶孩子对外语的兴趣为主。比如通过唱英文歌等方式，把英语的表达方式留在孩子心中，孩子就会慢慢地理解英语的内在逻辑。倘若孩子 3 岁至 4 岁的时候逼迫他背单词、学语法，肯定会让孩子对英语越来越厌恶，到上学时英语成绩会很好，可对英语还是一窍不通，一句英语也不会说。

教导孩子外语，要避免"起个大早，赶了晚集"，只要处在语言敏感期，那么 4 岁还是 6 岁差别不大，重要的是让孩子产生兴趣。比如想让孩子早点学习英语，那么首先要给孩子创造一个学习英语的环境，早接触英语，早点对英语单词感到熟悉。

到了孩子 4 岁的时候，语言系统已经发育成熟，对母语也掌握流利了，这时候可以适当地创设一个学习外语的环境，让孩子接触外语。比如给孩子听一些录音、儿歌，看原版动画片，能听进去多少就听多少。如果孩子有兴趣跟着模仿，父母就可因势利导，去激发孩子学习英语的动力。

5 岁以后，父母可以给孩子讲一些外文故事书，也可以试着让他跟着录音说说，记住画面上的内容，不要求孩子真正认识每一页上的单词和句子。在这个阶段，父母的最大目的就是让孩子多听，这时积累和沉淀阶段，哪怕一个单词都不会写也不要紧，把学习过程搞得随意一点，孩子更容易接受。

处于语言关键期的儿童由于心理障碍小，不怕犯错，所以能大声发音。如果父母英语能力强，可以教给孩子纯正的英语发音，为孩子的英语口语打下基础。父母可以通过孩子喜欢的卡通画面、游戏情节、电子积木来激发孩子各种感应功能，让孩子全身心投入学习英语的氛围中，营造出一种英语是母语的学习环境最好。

有一位女士曾经在高档幼儿园工作，该幼儿园有很多使领馆的孩子就读。这位女士发现，有一个小朋友的爸爸是荷兰人，妈妈是北京人，保姆是上海人。这个小孩子在同爸爸说话时用荷兰语，和妈妈说话时用普通话，和保姆说话时说上海话。

女士觉得这个小孩很厉害，继承了父母的语言天赋。而有一次接触过才知道，其实是得益于其父母的激发和引导，自幼就给孩子双语教学，也不刻意去教。孩子天天面对这些，自己就主动问爸妈"good morning"是什么意思了。

现在有很多早教班进行双语教学，这样孩子会更容易接受一些，主要作一些英语的启蒙就好。父母们除了可以在家里给孩子听些英文儿歌，讲些简单的英文小故事之外，给孩子选择适合的启蒙教育机构尤为重要。

当孩子在幼儿园学完了拼音，有了较强的分辨能力，能做到将拼音和英文字母分清楚时，可以更多地教给孩子英语。否则太小的孩子会把拼音和英语字母搞混淆，到最后越学越吃力，反倒是连母语都学不明白了。

处于语言敏感期的孩子记忆能力强，此时着重培养孩子的英语思维、逻辑，了解西方文化的教育是最有效率的，不求孩子在学龄前会写多少个单词，只需要让孩子找到英语的语感，对英语感到熟悉即可，这已经对日后学习英语有很大的帮助了。

第三章 传递爱，促进情感发展

1. 与刚出生的婴儿交流

刚出生的婴儿吃吃睡睡，有些父母就认为这时候的婴儿什么都不懂，根本无法交流。其实，婴儿虽然小，不会说，不懂回应，但父母熟悉的声音，抚摸、微笑的表达，都能让他们感觉熟悉并安心。想要跟婴儿交流，先要弄懂婴儿的语言。一开始，新生儿的哭声仿佛是一门外星语，年轻的爸爸妈妈可能会在孩子的哭声面前手足无措。可是如果细心观察感受，就会发现婴儿的哭声透露着很多信息。

新生儿的哭声一般意味着他们需要家长的帮助，如饿了、尿了等。有时候不同的哭声表达不同的需求：饿了的时候，哭声是短促、低声调的，同时孩子的嘴巴会微微噘起，随时准备吸吮的样子；拉了、尿了的时候，哭声就会更加凶猛些，有时还会有肢体的扭动。

要注意的是，婴儿哭的时候，请及时响应他的需要，不要担心过多的关注会把婴儿宠坏。婴儿的哭就代表着自己有需要，可能是饿了、需要换尿布、冷了。不管是哪种情况，爸妈听到哭声，一定要及时查看。

有时候，婴儿可能会发出一些奇怪的声音，而一旦感觉到大人过来又变得很安静；有时候，婴儿会面露笑容，常常让父母高兴得不得了，婴儿也会兴奋地摆动自己的小胳膊。其实，这些举动都是婴儿在与这个世界交流，每一个动作背后都有婴儿自己想要表达的意思。当婴儿微笑的时候，对他回以微笑，婴儿就能够感受到这种交流。当孩子躺在摇篮中，强而有力地踢着他的双脚时，通常表示他此刻很高兴或是很兴奋，也有可能是他不高兴或痛苦。父母要配合他的脸部表情或其他肢体语言所传达出的信息，一起解读。

当婴儿的语言系统开始有所发育后，更会咿咿呀呀说个不停，或者都是含糊不清的语气词。这也是婴儿的表达方式，高兴时和烦躁时都会发出不同的声音，父母要仔细分辨才能够弄懂婴儿到底有什么需求。

在婴儿作出哭、动作、呼喊等表达后，父母要给予婴儿积极的回应，尽管看起来像自言自语，但也是非常有作用的。对他重复说"你是不是饿了""你不喜欢这样躺着"之类的话，也有助于婴儿学习非语言的动作与口语之间的关系。

父母要有机会就跟婴儿说话，给他讲故事，带他认识各种各样的玩具，因为熟悉的声音会给他安全感。婴儿能够分得清爸爸妈妈的声音和其他陌生人的声音，所以仔细观察你会发现，孩子听到爸妈说话，跟听到别的声音反应是不同的。当孩子再大一些，他可能会在听爸妈说话时跟着调整身体、作出各种面部表情，或者兴奋地手舞足蹈。

这些都是在一步步建立父母和婴儿的亲子联系。多给婴儿身体接触，他们感受得到父母的温度。当婴儿依偎在父母的臂弯中，表示他很自在；如果挣扎着要离开，就说明不喜欢那样的抱法。父母给婴儿的回应越多，就会越了解他的"语言"。比如有些父母在听到孩子哭声后，就明白孩子是饿了还是该换尿不湿了。结合脸部表情、手脚的摆动、身体的移动，你可以更加准确地判断孩子想要传达的信息。在交流上，父母可以通过模仿婴儿的行为来理解他的意思，问问自己，当这些行为出现在自己身上时，可能代表什么意思。

总之，父母要保持足够的耐心，不断地跟婴儿去讲话，时间久了，就会惊喜地发现，原本听不懂话的婴儿会对你的话有了反馈，这就是做父母的惊喜。

2. 孩子洗澡后做抚触按摩

对于婴儿来说,他们在早期最重要的感觉就是触觉。婴儿的皮肤细嫩敏感,是神经系统的外在感受器,很微小的抚摸刺激都能够传入中枢神经中。适当的抚摸按摩可以刺激神经细胞的形成及其与触觉间的联系,逐渐促进神经系统发育。

抚摸按摩能促进婴儿的智力发育。婴儿期是脑细胞发育的关键时期,这时进行早期抚触可以给神经系统以适宜的刺激,促进婴儿神经系统发育,从而促进生长及智能发育。对孩子轻柔地爱抚,不仅仅是皮肤间的接触,更是一种爱的传递。

抚摸按摩有利于婴儿的生长发育。抚摸按摩能够把人体触觉感受传到大脑中,大脑再进行反馈,从而使胃肠蠕动增加,胃肠道内分泌激素活力增加,促进婴儿营养物质的消化吸收,使头围、身长、体重增长明显加速。

抚摸按摩能改善婴儿睡眠。抚触有可能对有睡眠障碍的儿童有帮助。如果孩子有入睡困难、容易惊醒、踢被子等睡觉习惯,通过抚摸按摩能够使他们的身体放松,睡眠效果更好。

抚摸按摩还能提高婴儿的免疫力。抚触能减弱应激反应,提高机体免疫力,增强婴儿抗病能力,促进疾病儿童的康复。

父母不一定要到专业的医疗机构中请人给婴儿抚摸按摩,在家中只要准备得当就可以。一般来说,在婴儿洗过澡后抚摸按摩效果最佳。

在婴儿的沐浴护理上也有很多讲究,首先准备好爽身粉、滋润油、浴巾等物品,洗澡时慢慢擦洗,然后用浴巾包裹住婴儿的全身。

通常要在皮肤褶皱处给婴儿抹一些爽身粉,保持干燥舒适,也可以在婴儿的臀部涂上护肤油,防止尿液刺激皮肤产生尿布疹。如果婴儿脸部皮肤干燥,可以涂少量滋润油。想要使皮肤保持湿润光滑,必须注意涂抹任何护肤油、爽身粉,都要在婴儿皮肤没有疾病时使用;

也不要直接涂抹在婴儿皮肤上，先抹在大人的手中，再抹到婴儿身上。

洗好澡后，就要开始准备抚摸按摩了。首先要保持房间温度在25℃左右，把婴儿置放在舒适、干净的床上，房间内要保持安静，可以放一些轻柔音乐。每次抚摸按摩的时间可以控制在20分钟左右，不宜过长。

其次，在给婴儿进行抚摸按摩前一定要先温暖湿润自己的双手，可以倒一些润肤油在手心里，轻轻地在婴儿的肌肤上按摩。父母可以先从婴儿的脸部和眼角开始，慢慢增加压力，观察婴儿的反应。通常的标准是，做完之后，如果新生儿皮肤微微发红，则表示力度正好；如果婴儿发生哭闹就要立刻停止。润肤油能在肌肤外层形成滋润保护膜，有效锁住水分，防止干燥和软化婴儿头垢。不过使用润肤油时要注意选择对婴儿皮肤无刺激性、纯正温和的天然矿物油。

进行抚摸按摩的时候不需要特定专业的手法，不用照搬教材上的每一个动作，抚触最重要的意义是让婴儿与父母通过肢体的接触进行交流，帮助婴儿获得安全感，发展对父母的信任感。同时每个婴儿都有自己的喜好，有的孩子喜欢别人抚摸他的小肚子，而有的孩子则喜欢动动小手、小脚。所以，抚触应该是按照自己孩子的喜好来安排，你可以打乱抚触的顺序，甚至自创几个孩子喜欢的动作。

适当地抚摸按摩可以提高婴儿的感觉系统发育，更重要的是能让婴儿在这一过程中感受到母爱、父爱，增强安全感和自信心。身体上的舒适和安全，带来孩子精神上的欢愉和兴奋，是一举两得的事。

3. 再忙也要和孩子保持良好互动

随着生活节奏越来越快，很多母亲忙于工作，经常加班、出差，没有多少时间陪孩子，即便是在家也由于工作太累，懒得再花大精力陪孩子玩游戏、给孩子讲故事。可是，没有了亲子互动氛围成长起来的孩子，会对父母有感情上的缺失。所以，再忙都要抽出足够的时间陪陪孩子，跟孩子保持良好的互动。

　　陈先生今年30岁，在一家公司做经理助理。助理工作就是大量的琐事，所以特别忙，白天忙工作，晚上还要陪客户应酬。他的孩子刚刚3岁多，陈先生每次夜里回来，孩子都睡了；早上上班的时候，孩子还没醒。

　　陈先生见孩子的面很少。有时候，陈先生在公司想孩子了，就给孩子他妈打个电话，让孩子在电话里说几句话。时间长了，陈先生就发现孩子很内向，也很容易哭。陈先生知道要多陪陪孩子，可是工作很忙，他一点办法也没有。

　　其实，忙不是借口，陈先生并非一点陪孩子的时间都没有，他只是找不到恰当的陪孩子的方法。另一位妈妈也曾经早出晚归地工作，因为抽不出时间陪孩子而苦恼不已。最后，她经过摸索，最大限度地挤出时间跟孩子聊天说话。她的方法是：

　　利用接送孩子到幼儿园的途中多找话题和他闲聊。对他的问题亲切地回答。

　　准备早晚餐时，鼓励孩子在厨房和餐厅陪妈妈聊天。

　　延长洗澡时间，可以在浴室和他一起玩耍。

　　假日时，优先考虑和孩子游戏，然后找时间打扫与整理家务。

　　这样一段时间过后，妈妈发现孩子懂事了许多，竟知道要体谅妈妈，不像有些孩子会哭闹。妈妈告诉他："妈妈现在没空，请等一下。"孩子会回答："嗯。"然后有耐心地等妈妈把事情忙完。

　　以忙之名每天都跟孩子说不上几句话，这对孩子幼小的心灵是一个打击。只要用心都能够找得到跟孩子交流的机会，忙工作而冷落了孩子往往会让家庭氛围淡薄，以及孩子对大人冷漠。在繁忙的生活中，可以通过以下几点抓住与孩子互动的机会。

（1）与孩子一起起床

时间差是很多父母头疼的事，为了避免"早上出门孩子没醒、晚上回来孩子睡了"，父母可以有意识地调整孩子的作息，让孩子与自己同时起床，最好亲自去叫孩子起床。

每天睁开眼睛看到的就是父母，这对于年纪尚幼的孩子来说是至关重要的，这样会给他们带来非常多的温暖。如果时间充裕，不妨和孩子一起享用一顿早餐，然后利用几分钟的时间为孩子诵读一篇小文章或讲一个小故事。

（2）送孩子去幼儿园

有时候，孩子的上学时间到了，而父母因为加班太晚还在昏昏欲睡，经常就让家里的老人或保姆去送。对于孩子来说，上学途中是每天唯一能跟爸爸妈妈共度的时光，他们是很期待爸爸妈妈送去上学的。

在上学路上，父母可以跟孩子聊聊幼儿园里的事，聊聊孩子的同学，用饱满的态度带给孩子充满快乐的一天。

（3）和孩子一起吃晚饭

很多父母认为跟孩子交流就要谈他们的事，他们最近干了什么或想要什么。其实，对于孩子来说，他们也更希望了解爸爸妈妈。

每一天的晚饭时间要利用好，不要因为忙而错开时间。最好是一家人坐在丰盛的晚餐前，父母也可以给孩子聊聊自己的工作，让孩子慢慢了解自己。晚饭的范围一定要维持一个轻松的气氛，苦恼之事就抛到一边，不要带到饭桌上来，给孩子造成压力。

（4）与孩子一起沐浴

对于年幼的孩子来说，跟爸爸妈妈一起沐浴能够加深身体的接触，也是最有效率的亲子互动时间。你温暖的双手在抚摸孩子肌肤时，可以让孩子感受到你的关爱，并且也有安全上的考虑，孩子太小没有办法独立沐浴。所以抓住这样一个时间，把亲子互动进行到底。

(5) 睡前陪孩子半个小时

无论多忙多累,都应该利用好睡觉前的半个小时,与孩子进行亲子互动。孩子在睡觉前多半是要听故事的,或者做一点简单的小游戏,哪怕是聊聊孩子今天都做了什么,这对孩子是很大的收获。充分利用好睡前半个小时,可以更多地了解孩子,最后给孩子一个吻,可以让孩子做个好梦。

(6) 加班给孩子打个电话

如果实在太忙回不去家,可以给家里致电,对孩子表达不能一起吃晚饭的歉意,这是尊重孩子的一种表现。不要在电话里嘱咐"你好好听话""按时睡觉",而是去表达不能陪伴孩子的歉意,让孩子明白你还在关心他,并理解到你工作的辛苦。

再忙也要陪孩子,给孩子完善的亲子互动体验,千万别让电视当保姆,别让孩子生活在孤独的环境里,这样才能健康成长。

4. 多给孩子积极的心理暗示

有些父母会有这样的苦恼:孩子有很多毛病,怎么说教都改不过来,好像孩子就是天性顽劣。

其实,并不是孩子的天性使然,父母要从自己的角度找问题,想一想:是否你在每次纠正孩子行为的时候都在数落孩子?或者是否在外人面前保持过分的谦虚,总是说"我家孩子不行""差得远呢"?又或者是否在别人家孩子取得好成绩的时候,要求自己的孩子以人家为榜样?

以上种种行为都是对孩子进行消极的心理暗示。孩子是很敏感的,大人的很多无心之言,在他们听来往往会有过度的解读。如果孩子被家长或老师暗示为自己不是块学习的料,他往往就会放弃努力任由成绩往下滑,也许最后成绩就真的很难提高了。同时一旦孩子对学习产生了消极的态度,就相当于他们自动关闭了通向解决问题的所有通道。

罗森塔尔是美国著名心理学家。1966 年，罗森塔尔来到一所学校，宣称要做一个未来发展的测试。测试结束后，罗森塔尔用赞赏的口吻把一份"最有前途学生"名单交给校长和老师。

几个月后，凡是上了名单的学生，成绩都有了非常大的进步，其他地方也表现得很突出。事实上，罗森塔尔的这份名单是随机挑选的。罗森塔尔用"权威性谎言"使得老师相信那些孩子会很有前途，于是给予了他们更多的热情和信任，而老师又将自己的这一心理活动通过自己的情感、语言和行为传递给学生，使他们强烈地感受到了来自老师的关爱和期望，学生的自信心由此得到增强，因而比其他学生更努力，进步得更快。

从某种程度上来说，一个孩子能不能成为天才，还需要取决于父母、老师能不能像对待天才一样对待他。很多事实表明，人的能力、性格等的形成，相当一部分取决于周围环境和他人的期望。由于孩子的心智尚未成熟，心理控制能力较弱，受暗示性较强，所以容易被大人的期望所左右。

孩子会把大人对他的判断施加到自己身上，大人总说自己孩子很差劲，孩子就会觉得自己很差劲，而优秀的家庭教育会给孩子积极的心理暗示。这种暗示不会很刻意，而是在日常生活中多与孩子形成良好的互动，对孩子说让他充满信心的话，暗示孩子有良好的道德品质、勇敢的精神及其他美好的品质，等等。

爱因斯坦的父母就是用积极的心理暗示促成了天才的诞生。在爱因斯坦小的时候，性格内向孤僻，学习成绩也不大好。小学毕业的时候，校长不客气地对他父亲说："您的孩子，将来从事什么职业都一样没出息。"

爱因斯坦的母亲带他去做客,亲戚家的孩子个个都活蹦乱跳,叽叽喳喳说话,只有爱因斯坦坐在一边一句话不说。亲戚们就对他母亲说:"他总是这样不说话,是不是有点抑郁啊? 应该带他去医院看看。"

爱因斯坦的母亲则大声回应道:"我儿子没有任何毛病,你们不了解,他不是在发呆,而是在沉思,在想问题,他将来一定是一位了不起的大学教授!"从此,爱因斯坦时常拿妈妈的话来审视和鞭策自己,并不断地自我暗示:我是独一无二的,我会做得更好! 这就是爱因斯坦之所以成为名人的原因。

积极的心理暗示会给孩子以积极的影响。教育孩子时,切忌用消极的心理暗示,不要总是挑孩子的缺点、指责孩子的错误,那样做会让孩子失去信心,丧失克服困难的勇气。

两个孩子摔倒了,一个妈妈赶紧跑过去,抱住孩子心疼地说:"让妈妈看看摔哪儿了,摔疼了吧?"本来没事的孩子"哇"的一声哭着说:"摔疼了。"而另一位妈妈则充满信心地说:"孩子没关系,我相信你能自己站起来,你是不会哭鼻子的男子汉。"孩子果然若无其事地爬了起来,又跑去玩了。

这两位妈妈分别给了孩子不同的心理暗示。第一位妈妈语气紧张着急,在暗示孩子"摔跤是很疼的",心理上加剧了孩子的疼痛感,于是就变得娇气,开始大哭,这是消极的心理暗示;第二位妈妈的语气平静坚定,暗示孩子摔跤是小事,要自己站起来,这就是积极的心理暗示的力量。

积极的心理暗示可以使人增加力量、勇气、信心,更何况一个无比信赖父母的孩子,当父母说出充满积极乐观态度的话语,就会激荡起孩子内心深处的积极的一面,让他摆脱消极的情绪,勇敢前行。

5. 亲子阅读的体验

学龄前后的孩子不爱读书，是父母没尽到责任。拿给孩子一本干巴巴的书，让他自己去读，孩子当然心有抵触，更何况他有很多不懂的地方，就更难以读下去。最好的办法就是陪孩子读书，给孩子养成一个热爱阅读的习惯，对将来的人生是大有益处的，并且还能够让父母和孩子都体会到温馨的互动体验。

孩子接收的信息越多，他们大脑能够储存的东西也就越多。所以，在孩子这段学习的黄金时间里，父母即使再忙碌，也要尽量引导孩子进行早期的阅读。很多年轻的父母却认为这时的孩子还小，连字都没有认全，怎么能阅读呢？再加上忙于工作，也就错过了孩子阅读的最佳时机。

经常阅读的孩子会更聪明，书籍中有大量的知识和智慧，孩子可以在阅读中学到高明的逻辑思维，养成思考的能力，这会极大地刺激孩子大脑的发育。

经常阅读的孩子语言表达能力更强，常言道："出口成章。"书籍里有很多优美的句子，还有很多流芳百世的诗词歌赋，经常阅读这些书籍的孩子不知不觉中就学会遣词造句的能力，在说话的时候就会脱口而出。

书籍中的故事、知识，将会对孩子的人生观、世界观的建立产生很重要的影响，可以说一本好书胜过一百次说教。很多事实也证明，阅读能够培养孩子的注意力、观察力、记忆力、想象力、思维能力等，能极大地促进孩子智力的发展。

正如林肯所说："阅读比起任何其他的行为，都更有力量释放你的潜能。在这个过程中，我们的本性才会得以更好地展现。"在孩子智力、情商、性格发育的迅猛时期，一场良好的精神阅读是任何物质奖励都无法媲美的。

尤其是亲子共读,更能够引导孩子去主动读书,并在读书过程中找到亲子之间温馨的互动。

有一位妈妈在自己的博客里写道,她的孩子5岁,每天从幼儿园回来,写完作业就去看电视,而她自己也是忙完家务就去上网。

后来,她在网上看到亲子阅读的好处,就开始跟儿子商量每天晚上一起读半个小时的书。他们有时各看各的书,有时共读一本书,有时互相进行交流。渐渐地,她发现和儿子的关系亲密起来了。

阅读是很好的亲子关系的媒介,不仅能够让孩子在阅读中获取知识,也能够让孩子感受到父母的爱和温暖,父母也可以更好地了解孩子,从而知道孩子的想法和感受,并且懂得尊重他们。

为什么一定要强调亲子阅读呢?因为小孩子自控能力差,读书自然比不上做游戏或看电视。尤其是现在,电视、网络充斥着每个家庭,孩子是有很强模仿能力的。父母一边看着电视,一边叫孩子去读书,孩子心里自然一百个不愿意。

电视、网络上有很多成人化的东西,被孩子看到了并不是好事,说不定会染上什么坏毛病。父母要控制孩子看电视、玩电脑的时间,但是如果不先控制自己,肯定是没有效果的。所以还不如以身作则,自己也不看电视,陪着孩子去阅读、聊天,这样的家庭才能够真正找到欢乐和睦的气氛。

当孩子情绪不好时,也可以用书籍安慰他们的心灵。如果孩子在看到一些故事时,伤心得流泪或号啕大哭,父母不必紧张。等他们哭完后,可以让他们说出伤心的原因,然后给他们加以排解和慰藉。

日本著名的社会学家柳田邦男曾说过,书籍是儿童最好的心灵处方,可以帮助他们解决不同的问题。一本好书或一个好故事,能改变一个孩子的情感、思维及看待事情的眼光。所以,让孩子看书,不管是那些能给他们带来力量或自信的书籍，还是那些能让他们得到温暖或宣泄的书籍，对他们的心理都是一种良好的调节。

谢尔盖·米哈尔科夫曾经说过："无论孩子们的家庭和学校生活多么有趣，可是如果不去阅读一些美好、有趣、珍贵的书，就像被夺去了童年最可贵的财富一样，其损失将是不可弥补的。"

无论平时有多忙，尽量每天抽出半个小时跟孩子一起阅读，既能放松自己，也能享受亲情的乐趣，同时能让孩子在阅读中得到提高，亲子阅读是一举兼得的教养方法。

6. 鼓励孩子说出内心的想法

有些父母喜欢独断专行，做事情从来不征求孩子的意见，更不会与孩子互动，永远都是用安排、吩咐的口吻告诉孩子该做什么、不该做什么，从来不会问孩子："你觉得怎么样？""你的想法是什么？"

也有很多家长刻意要求孩子听话，不给孩子发表意见的机会，凡事都听父母的安排。他们在潜意识里觉得孩子年龄太小，什么都不懂，所以也注意不到孩子内心的想法。总是为孩子包办一切，并且很少交流。对于年幼的孩子来说，他们更希望自己能够独立做一些事情。

有一位母亲表示，她的孩子沉默寡言，太过于内向，什么话也不敢说。家庭教育专家通过观察发现，这位母亲与孩子交流中存在大量的贬损和指责行为。如果孩子表现出一副"懒得理你"的态度，就说明其实孩子已经对父母开始失望了，多半是因为沟通的道路被父母关死了，说出的观点不受重视，所以只好免谈。

也许孩子是很喜欢和爸妈聊天的，可是常常才刚开口，马上换来一顿骂。久而久之，他就不想说了。亲子沟通从谈心、聊天开始，而良好的沟通除了由和缓的言语做起之外，还可以通过一个微笑、一个拥抱来做亲子关系的润滑剂。

如果不让孩子说出自己的想法，没有一个畅所欲言的家庭氛围，那么亲子沟通就变成单向的了。只有父母在说，孩子只要听就行，只会让孩子越来越压抑，尤其是当孩子 3 岁至 6 岁时，什么都不懂，却又对这个世界抱有最大的好奇心，什么都要问，什么都要说，有些父母不耐烦就频频打断，压抑得孩子越来越不敢说话。

一个 5 岁的孩子在暑假被送到了奶奶家。回来后，妈妈给他做了一顿大餐。先炒了一盘鸡蛋放在桌子上，又进厨房继续炒菜。等到妈妈再回到餐桌旁，发现孩子把鸡蛋都吃光了。妈妈也没有说责怪的话，只是说："爸妈还没有吃呢，菜还没有做完，你怎么一个人把鸡蛋都吃光了？"

孩子很委屈，眼圈红红的，刚想说话。妈妈又说道："你这孩子怎么这样，我又没训斥你，你还哭？"孩子一下子哭出来，跑回卧室了。

这件事过去很长时间，孩子一直很沉默，高兴时也不大说话。后来，妈妈跟奶奶沟通后才知道。在奶奶家的时候，奶奶告诉孩子吃得越多越好，奶奶很高兴看到孩子吃很多。这时候，妈妈才知道错怪孩子了。

（1）站在孩子的角度了解孩子

站在孩子的角度才能够理解孩子的思维。有时候，孩子表现得很幼稚，也不要去嘲笑他们。最好从孩子的视角去理解他，这样才能窥探到孩子的内心。

小刚起床后跟妈妈说自己做了一个梦，妈妈嫌他耽误时间，告诉他赶紧去刷牙洗脸。吃早餐时，小刚又说了一遍，说梦见自己长了一对翅膀。妈妈说道："行啦，那只是一个梦啊。快吃饭，一会儿就凉了。"小刚沉默了，以后做梦再也不跟妈妈讲了。

（2）帮助孩子完整地表达

孩子的词汇量少，有时候不能把想法完全说出来，语言总是模棱两可的。有沟通互动的氛围就是父母会帮助孩子完整表达，认真倾听孩子说的话，及时给孩子补充。在这样的过程中，孩子能够感受到父母真的在意他的想法。这会使得孩子更加自信，更加有表达的欲望，有什么话都会跟父母说，一来二去就有了亲子沟通。

（3）增加孩子的自信

有些孩子害羞内向，有什么话不敢说，一方面是性格使然，另一方面可能是平时父母给的压力太大了，不允许孩子说错话。所以，要培养孩子说话的自信，还是要给孩子说错话的权力。让他放开说，把想法完整地表达给身边的人，而不是将注意力放在别人对自己的看法上。

（4）也跟孩子讲讲心事

不要以为孩子小就和他们没什么可说的，其实孩子是能够体会到很多情感的。要想建立亲子沟通，父母这一方也要积极地跟孩子进行表达，有什么开心是或发愁的事也可以和孩子说说，哪怕是单纯地讲一讲上班的辛苦，也能有助于培养孩子尊重家长的性格，体谅到做父母的不容易。

（5）提高孩子的表达能力

优秀的孩子综合素质总是比一般人高，不只是体现在学习成绩上，还体现在和别人的交流能力上。口才是孩子能力的体现。现在，不少学校招生时，除了看孩子的成绩外，还增加了面试的环节，其实就是为了考查孩子的表达能力。

语言表达能力不是孩子天生具备的才能。父母要在孩子的成长过程中，有意识地锻炼孩子流畅的语言表达能力。

（6）允许孩子有自己的见解

父母应该鼓励孩子大胆提出不同的意见，允许他们有自己的见解，努力为他们创造一个宽松的成长环境,以此培养孩子的求异思维和发散思维,鼓励孩子创新。这样,才能使孩子释放自己,坦然地接受失败和错误,并将其转化为成功的动力。同时给孩子展示自己的机会,让孩子在不断地表达中逐步培养自己的交际能力。

7. 带孩子一起去旅行

带孩子旅行是非常好的增强亲子互动的方法。孩子很小,带出远门有诸多不便。可是,一次美好的旅行将会给孩子最宝贵的记忆。更何况做了父母就不要怕麻烦,对孩子有益的事,再麻烦也要克服一下。

大体上,父母不愿意带孩子出门旅游有三个原因:一是记不住,觉得孩子太小,给他看什么风景都记不住,浪费钱和精力;二是危险,小孩子体质弱,稍受风寒就可能很严重,在人生地不熟之地看病也很为难;三是麻烦,孩子的东西要带大包小包的,大人旅游一次只顾着照顾孩子,自己玩得不尽兴。

在国外的旅游景点中,经常见到一对父母怀里抱一个婴儿,甚至带着好几个孩子,拖家带口地旅游,这对于孩子的成长是非常有益的。其实,哪怕孩子很小也是可以感受到外部环境的感官刺激的,总说等孩子大一点再去旅游,可是多大算是大?

带孩子一起去旅行有以下几点好处:

(1) 培养孩子的认知能力

孩子自打出生后就开始对这个世界充满好奇,周围的任何东西都会引起他们积极的关注和探索。孩子对这个世界的观察力和感知,是大人无法想象的。当然,婴儿时代的孩子不用出门太远,可以去周边的公园、绿地,暖暖的午后阳光晒着,和煦的春风吹着,对孩子是很有好处的。要注意的是要作好防护,孩子抵抗力差,不要因为出远门而染病。尤其动物园这样不卫生的场所,在孩子 2 岁以下就不要去了。

孩子再大一点的话,就可以带他们去很多风景优美、有教育意义的地方，培养孩子的感知能力，也增长了孩子的见识。

（2）锻炼孩子的语言能力

在远方旅行的时候，孩子会听到各种各样的语言，这对他们是一种刺激，虽然他们学不会那些语言，但终究是让他们开拓了眼界。同时，在外界旅行始终要有跟外人打交道的时候，都可以给孩子创建一个说话的环境。尤其是一些家庭旅游团，都是家长带着孩子一起旅行。旅行的过程中，孩子会跟其他小朋友交流、结伴同行，这就是锻炼孩子语言能力的过程。

（3）不会增加费用负担

不要担心带着孩子旅行会花很多钱，无论是坐飞机还是坐火车、大巴车，孩子都有很高的优惠，大部分出行工具、旅游景点对孩子是免票的。在住宿上，父母与孩子住同一个房间，住宿成本也不会增加。所以，父母不要先入为主觉得带着孩子旅行肯定很麻烦很贵，只要准备妥当，不会增加费用的负担。

（4）促进孩子成长

一次旅行就是一次成长，尽管带着孩子出远门会很累很操心，孩子有时候会在公共场合哭闹，让大人束手无策。可是当你在家里时，每天都要忙着工作，忙着赶路，很难有沉静的心去跟孩子真正地交流。

而出去旅行就不一样了，比如面对宁静安详的湖泊，只有一家三口在湖边散步，一下子能拉近你和孩子的距离。在旅途中所遭遇的种种波折，都将促成孩子的成长，而这些成长都被你丝毫不落地看在眼里。

当然，带着孩子去旅行也不是随随便便的，还是要作好准备才能够有最好的旅行体验，否则大人遇上点麻烦事不要紧，孩子年少体弱经不起折腾。所以，做出行准备要注意下几点：

（1）出发前最好先体检

出行前带孩子进行一次体检，确保孩子是在良好的身体条件下出门。同时请教医生关于行程中容易出现哪些疾病，学习相关应对策略，遵从医嘱带上出行必备药品，如退烧药、止泻药、外伤药水、纱布、酒精棉、创可贴等。

（2）衣食住行准备齐全

孩子不像大人那样有抵抗力，现在很多年轻人旅行都不习惯事先查路线，到地方再找酒店、景区，孩子可经不起折腾，一定要准备完全后才能出发。

很多家长都抱怨带孩子出门要带一大堆儿童用品，其实用不着这样，只需要拿最主要的东西即可。比如给孩子多拿几套衣服，方便换洗和保暖。如果去比较热的地方旅游，还要给孩子准备好防晒霜和遮阳伞。如果是比较小的孩子，尿不湿也要带够，以防万一。

饮食是很重要的一环。在旅游中，吃的东西参差不齐，谁也无法保证食品质量，孩子也可能出现水土不服的情况。父母可以从家中带一些平时孩子喜欢吃的小点心或儿童面条，在吃饭时可以让饭店代为加工一下。除此之外，旅游时给孩子的饮食一定要清淡，可以让他多吃些蔬菜和水果，不要让他吃生冷的食物。

（3）要防止孩子走失

有些家长去旅游太投入了，完全是自己去旅游顺便带着孩子，只顾着游山玩水，根本不去考虑孩子适不适合爬山。一些不适合孩子的旅游项目就要划掉，多给孩子找一些适合的地方，还是要先让孩子满足。

另外，人们在旅游时大多有拍照留念的习惯。拍照时，注意力总是集中在镜头上，一定要多出一个人来照顾孩子才行。因为旅游景区人太多了，孩子个子矮，看到的全世界都是腿，几步就会被人群带出很远。

为了防止孩子走失，可以在孩子的口袋里放一张注明他们姓名、家长联系电话的卡片。现在也有电子防丢器，只要孩子距离大人超过几百米，就会自动警报，大大提高了孩子旅行的安全系数。

带着孩子远离尘世，走进如画的景色里，将会是孩子最宝贵的童年体验，也能够在旅行中收获最好的亲子互动。因为当人身处异乡，心灵就会紧靠，话也比平时多了起来，逐渐找到温馨的家庭氛围。

8. 多陪孩子聊聊天

很多大人都不太会与小孩聊天。比如，他们会问上幼儿园的孩子："你今天在幼儿园做了什么啊？""在幼儿园有没有乖乖听话？"对于这两个问题，小朋友通常就会回答："没什么啊，就跟平常一样啊。""很乖啊。"

还有的大人跟孩子之间的对话永远都是以问句开始，以斥责终止，像"功课写完了没""琴练了没""今天考几分"之类。当这种质问的形式成为常态时，你会发现，孩子在你面前话越来越少，几乎都是哑巴。久而久之，大人与孩子之间的关系也就变得越来越陌生。

乐乐刚上幼儿园，妈妈总是很担心，但她从不会直接问孩子"今天幼儿园有发生什么事了吗""老师对你好不好"，而是会问"今天去幼儿园，还有没有同学会哭呀"。

乐乐说："有呀，就小宝一个人哭了，哭得很大声。"

妈妈说："那你有没有叫他别哭，叫他跟你玩，问他为什么哭呀？"

乐乐说："他想回家，他说他想爷爷、奶奶，想妈妈，不想待在幼儿园。"

"那老师怎么哄他的呢？"

"张老师把他抱起来，让他别哭，还跟他玩。"

"那你喜不喜欢张老师？"

"喜欢啊，张老师最爱我们了，刘老师就没有张老师那么爱我们。"

"为什么说刘老师没有张老师那么爱你们呀？"

"因为小宝哭的时候,刘老师很凶地叫他别哭了,张老师不会凶,还抱着哄他。"

于是,妈妈就可以从这样的对话中,对老师的观感、班里的情形有一个大致的了解,还可以知道老师对于孩子的行为如何处置。

玲玲一天从幼儿园回家后告诉妈妈:"妈妈,豆豆今天打我。"
"哦,为什么?"
"因为我要玩积木,他不准我拿。"
"那你怎么办?"
"我就去玩别的了。"
"你怎么不告老师呢?我不是教过你,人家欺负你就去告诉老师吗?你也可以跟他说,公用的东西大家都可以玩啊。妈妈不是跟你说过吗?"

像这样的聊天方式,那么彼此之间的话题就会戛然而止,然后孩子一定是紧闭双唇,不再开口说话。

面对孩子的委屈,不妨继续询问:"哦,那你心里有没有觉得很不舒服?""那你还想玩积木的话怎么办呢?"这样,你就可以听到孩子的想法:"没关系,等他玩完了,我再玩就好了啊。""我很生气啊,所以我就跟他说:'我再也不跟你玩了。'"

很多时候,其实孩子是很希望能有人与他聊天的,但却找不到一个可以聊天的大人,才会变得沉默。

父母保持与孩子聊天的习惯,孩子会很开朗、很聪明;反之,孩子不仅会表现得性格内向,甚至还可能会出现心理障碍。

4岁的晗晗是个性格内向的孩子。她总是喜欢一个人坐在那里,从不喜欢跟父母交流，也不喜欢和同龄的孩子出去玩。对于这样的情况，涵涵的妈妈很着急，和其他家长沟通后，妈妈开始每天和晗晗坐在一起聊聊天，耐心地和她聊一些快乐或感兴趣的事。渐渐地，晗晗开始喜欢妈妈进行交流了。

根据美国一项研究显示，父母如果与9个月至3岁的孩子多聊天，会让这些孩子日后变得更聪明。另一方面，当父母能经常亲热地与孩子进行聊天，孩子有什么事情或心里话才会说出来，父母才能及时帮助孩子解决生活中的困惑，同时可以在聊天过程中把对孩子的期望传达给孩子，让孩子更加努力。

与孩子聊天时，可以聊孩子感兴趣的话题。小孩子对世界充满了探索的热情。通过聊天，家长可以进入孩子多彩的精神世界，引起他们的关注和好奇心，使孩子变得活泼开朗。

当然，随着孩子的不断成长，聊天的内容也要相应变化。孩子2岁至3岁时，父母可以经常给孩子讲故事，可以与孩子聊故事的内容。稍微大一点，可以与孩子聊故事中的人物命运、情节变化等。

养成和孩子聊天的习惯，不仅可以使孩子从父母经历、性格等方面得到充分的教育，还能有效地建立父母和孩子之间的亲情。所以，父母需要充分了解与孩子聊天的意义，并通过聊天，给孩子润物细无声的爱和支持，促进孩子的健康成长。

第四章　和孩子一起学情绪管理

1. 以自我为中心的孩子情绪不稳定

自我中心是儿童早期自我意识发展的一个必然阶段，在 2 岁至 3 岁发展最为迅速，体现为凡事以自己为中心，不顺着自己的要求就大哭大闹。同时，现在的家庭都把孩子当成掌中宝，集全家之力对孩子全方位照顾，这就更加强化了孩子以自我为中心的性格。

　　妈妈带园园去参加朋友的生日宴会。宴会的气氛很好，妈妈正跟朋友聊着天，园园突然大哭起来，妈妈赶紧问他怎么了，他也不说，坐在椅子上不停地哭，却没有多少眼泪。

　　安慰了好一阵后，园园不哭了，妈妈又开始跟刚来的朋友们打招呼。园园突然把碗打到了地上，又哭了起来。妈妈这才明白，大家都忙着说话，忽略了园园，园园就开始用哭闹来吸引大人的注意力。

　　妈妈很尴尬，只好抱起园园，一直哄着他，不再招呼朋友们。家里面，园园是唯一的孩子，全家人都宠着他、护着他，爷爷奶奶简直要把他当成太阳。可是当处在公众环境当中，园园发现自己不再是焦点，就会产生很大的失落感。

　　以自我为中心的孩子一般情绪不稳定，交际能力差，对人爱答不理的，因为他们的眼睛里只有自己，看见什么就要什么，抢其他小朋友的玩具，全世界都要围着他转。在年幼的时候，这种性格可能没什么。可是随着年龄的增长，就越来越过分，网络上流行的"熊孩子"多半是这种以自我为中心的孩子，在旁人看来，"熊孩子"就是没有教养。

孩子对世界是没有什么判断的，他以自我为中心说明开始有自我意识，这是好事。但这个阶段的教育要是跟不上，孩子就可能把这种以自我为中心"发扬光大"。独生子女最容易发生这种情况，做事不用考虑其他兄弟姐妹的想法，全家又照顾得无微不致，就会变得任性而软弱。

刘妈妈的儿子刚刚 2 岁。由于工作繁忙，就把儿子送到了乡下爷爷奶奶那里住了半年。半年后，刘妈妈发现儿子性格变了很多，脾气暴躁乖张，什么都要，不给就哭。送儿子去幼儿园，他也不去，说幼儿园里有人欺负他。

刘妈妈跟爷爷奶奶沟通后才发现，原来是爷爷奶奶对这个小孙子太溺爱了，在乡下整天围着小孙子转，小孙子要什么就给什么，半年时间就把以自我为中心的性格养出来了。

一般来说，父母不在身边且由祖辈带的孩子，会比父母带的孩子更加容易以自我为中心，这是隔代抚养的特点。所以，父母要注意，尽管自己平时工作很忙，但是也尽量不要让老人长时间照顾孩子。一方面，老人年事已高；另一方面，老人的教育观念不够先进，太过于溺爱孩子，容易把孩子养成"小皇帝"。

(1) 父母转移注意力焦点

当全家都以孩子为中心的时候，孩子就会以自我为中心。过去总用"衣来伸手，饭来张口"形容败家子，可是现在多少个家庭都是这样对待孩子的。父母的全方位体贴照顾，就使得孩子养成了"这世界上所有人都是围着我转，都是为我服务的"这样一个思维习惯。

孩子年幼弱小，但决不能让孩子感觉自己在家里的地位是高人一等的，该批评就得批评，该拒绝就得拒绝。不要什么事情都顺着孩子的想法，让他明白这个世界不会围着他转。

（2）让孩子了解别人的感受

一个不了解别人感受的人，是很难体谅别人的。父母可以适当让孩子知道爸爸妈妈每天赚钱很不容易，照顾他也很操心费力，让孩子懂得关心父母，理解父母的感受，就会少很多撒泼打滚的情况。

对孩子进行"同理心教育"，遇事多让孩子想一想："假如别的小朋友也对你这样，你会怎么想？"让孩子学会站在他人的角度考虑问题，逐步克服以自我为中心的思维习惯。

（3）帮助孩子正确地评价自己

现在，父母多给孩子夸奖式教育，哪怕孩子完成一件很小的事，父母也会当成很了不得的大成就来赞美，吹捧多了就使孩子逐渐自大，并且觉得自己做什么都是正确的。赞扬孩子的闪光点是很好的，但是不能太过分，包括周围的邻居、朋友都要正确评价孩子，让孩子明白自己的真实能力。

有一个孩子从小练习书法，拿过几个全市少年组书法大奖，周围人都对孩子赞赏有加。他的父母却不断地告诉他："你的字写得好是你长时间练习的结果，需要更加刻苦练习才能有更大成就。"这样的教育让孩子保持着脚踏实地的谦虚，避免了骄傲的情绪，从而避免了自我中心意识的形成。

（4）让孩子多参加集体活动

有些父母不愿意让孩子参加集体活动，理由是怕孩子吃亏。其实，让孩子经受些挫折会更加有利于孩子的成长。在一群孩子之间的交往中，孩子能够逐渐掌握与人交往的规则。如果从小到大都被家长围绕，很少跟其他小朋友接触，那么就很容易出现"抢玩具""打人"的情况，以自我为中心的性格就会越来越严重。

2. 父母的情绪对孩子的影响

有人做过这样一个试验：当婴儿面对笑意盈盈的妈妈时，会非常开心，发出咿咿呀呀的笑声，并且手舞足蹈；可是当妈妈突然板起脸时，婴儿就会不由自主地远离妈妈，最后变得躁动不安，大哭起来。

这个试验充分说明了孩子能敏锐地感受到父母坏情绪的释放。这种时候，孩子往往会感受到巨大的压力，甚至可能会因为父母的坏情绪而产生自己被遗弃被冷落的负面心理。父母的坏情绪无疑会把家庭氛围搞得紧张兮兮，坏情绪是可以传染的，如同流行性感冒，一个人打喷嚏，其他人都跟着感冒。

孩子的心灵是敏感的，在面对父母的坏情绪时，往往受到波动最大，会在心里埋下坏情绪的种子。很多青少年脾气很差，坏习惯多，浑身上下都是"负能量"，多半都是在幼儿时期就没有得到良好的情绪教育。

有一个4岁女孩的妈妈，有一天工作到很晚，经过女儿房间的时候，听到一声女儿的叹息，妈妈很好奇地走进房间，打开灯看见女儿泪眼摩挲，赶紧问女儿受了什么委屈。

女儿一下子扑在妈妈的怀里，大声哭道："妈妈你是不是不爱我了？最近都不陪我玩不跟我说话，都不对我笑一笑！"妈妈这才恍然大悟，原来是自己最近工作情绪太大，没有注意到自己难看的脸色全被女儿看见了。

父母有耐心，孩子才能有耐心；父母情绪好，孩子才能情绪好。从家庭教育的影响来看，孩子性格、情绪的塑造都缘于父母的言传身教。比如，脾气急躁的父母，孩子多半是情绪急躁的。孩子会从父母身上学习如何处理坏情绪的方法。如果父母对坏情绪毫不掩饰，当孩子日后面对无法解决的事情时，也会如父母那样，用皱眉叹气、摔打东西来发泄。

对孩子负责的父母，即使心情很糟的时候，一旦在孩子面前，也要多笑一笑，这样能让孩子感受到父母的爱与乐观。久而久之，自己也就养成了平和淡定的性格。

父母要做到以下几点：

（1）进门前抖落掉坏情绪

无论在工作中遇到什么事，回家时不要着急，在门口或小区附近转一圈，把工作中的坏情绪剔除掉，轻轻提醒自己工作结束了，是时候享受家庭的温馨了。通过散步、深呼吸，整理出良好的心情，再打开家门，才能以笑脸应对孩子的笑脸。

（2）把担心的事留在公司

下班的时候，不要立刻收拾起公文包就走，可以在公司作好收尾工作，工作遗留问题和明天的工作准备都处理干净，不要带着满脑袋的担心回到家里，更不要摆出一张臭脸给孩子看。把公司的事情处理好，就不要再去想，合理安排工作和生活的轻重，毕竟再重要的事情也都要第二天上班才能处理，何必去想呢？

（3）不在家加班

在家加班是很多父母的通病，觉得这样很方便。但这些父母没有想过孩子的感受。孩子期待了一天，希望爸爸妈妈下班归来跟他们玩游戏，可是却被无情拒绝，孩子的心会很失落。

有些父母在加班的时候嫌孩子烦，认为自己越忙孩子在旁边越添乱。事实上，是父母全神贯注工作冷落了孩子，孩子才会通过不断地缠着，去乞求你对他的重视和关心。

（4）不在饭桌上谈工作

在饭桌上谈工作，有时候会流露出诸多负面情绪，孩子也不懂工作，只能感受到父母情绪的变化。父母要记住，只有工作午餐，从来没有工作晚餐。每天给孩子一个温馨和谐的晚餐环境，是父母应尽的义务。

或许有家长会说："我没在家发脾气呀，我就是自己生闷气，都没说话。"冷暴力也不行，父母对孩子爱答不理，甚至表现出不耐烦，这就是对孩子的冷暴力。幼小的孩子不知道家长在外面遭遇了什么，他们只懂得父母不爱他们了。

在希望孩子健康成长时，千万别忽略了坏情绪对孩子的影响。父母情绪稳定，孩子的情绪智慧才能增长。孩子的教养就是来自父母的言传身教，父母总是随身带着坏情绪，孩子也不会有健康快乐的心态。所以在接触孩子之前，父母一定要先把自己的情绪调理好，用最饱满的情绪去给孩子拥抱。

在家门口种一棵烦恼树，把烦恼和坏情绪都挂在上面，打开家门，给孩子一个温暖的微笑，这是最好的教育。

3. 避免孩子乱发脾气，先要控制好自己的情绪

有些不耐烦的年轻父母在孩子发脾气时，也跟着发脾气，这种"以暴制暴"的方法，绝对改变不了孩子好发脾气的习惯。有的母亲认为孩子好发脾气拗不过他，就把他推给父亲管教，这样就会使孩子产生"妈妈对我发脾气毫无办法"的想法，以后，他会变本加厉地在母亲面前发脾气。

家庭教育不当，也会造成孩子乱发脾气。父母脾气不好，常为一点小事就动手打孩子；或者教育方法不统一，孩子对软弱的一方容易发脾气。在孩子的第一个反抗期，情绪很容易出现波动，而且他的语言还在发展期，有时不能将自己的想法、要求和愿望明白地表达出来。自己的意愿家长不理解，孩子就会着急，容易发脾气。

相比成年人，孩子的大脑还没完全发育，所以他们的"警报系统"很容易就触发，情绪很容易失控。气球飞走了、食物掉地了、拼图拼

错了之类的小事情都能让孩子反应剧烈。所以，当孩子乱发脾气的时候，父母第一时间应该控制自己的情绪，再去处理孩子的问题。

　　妈妈正在厨房收拾卫生，乐乐正坐在沙发上看动画片，突然跳下来跑到妈妈腿边，表示要吃苹果。妈妈就给她削了一个苹果，告诉乐乐："拿住了啊，别掉了，快回去。"乐乐也不看动画片了，拿着苹果一边吃一边在沙发附近转悠。

　　结果，苹果掉到了地上，乐乐带着哭腔求助："妈妈，苹果掉了。"妈妈这边很忙，心里也生气，觉得自己刚提醒过就掉了，说："你自己捡起来。"乐乐开始耍脾气了，哭着喊着要妈妈把苹果捡起来。妈妈走过去，说："不是告诉你拿稳了吗。我刚才干活多忙呢，你自己不能捡起来吗？"

　　乐乐继续大哭大嚷，一定要妈妈捡起来。妈妈一直着急，走回厨房，扔下一句："你爱哭不哭，下次吃东西不坐着就别吃了。"乐乐哭了很久，掉了很多眼泪。

　　乐乐妈妈所遭遇的情况是非常普遍的，很多父母都被孩子的各种要求、哭闹搞得不耐烦，甚至可能对孩子发很大的脾气。对孩子发脾气是无益于事情解决的，反而会给孩子的内心蒙上一层阴影。想要在孩子发脾气时进行有效引导，要注意以下几点：

（1）允许孩子发泄情绪

　　无论孩子怎么哭闹，都是孩子释放负面情绪的正常反应，不能对孩子的负面情绪作严苛打压，我们可以帮助孩子更好地控制情绪并尽快消除负面情绪。当孩子发脾气乱摔东西的时候，做父母的要停下手里的事情，给孩子一个眼神或拥抱，与孩子说说话，用语言去引导孩子。

　　不过，不要展现出一副教育的样子，否则孩子会很抵触。孩子与大人一样，生气的时候什么都听不进去，他们在气头上是不会按照常理思考问题的。所以，帮助孩子先稳定好情绪，再倾听孩子内心真正的需求，会让孩子的情绪得到最好的发泄。

（2）对待孩子要有耐心

当父母精心准备一顿大餐，孩子一口不吃就给打翻；当父母等着孩子入睡后有一大堆事情要做，孩子却一直蹦跳着不肯睡；当父母疲惫不堪时，孩子却硬要跟父母一块玩……种种时刻都令父母不耐烦，甚至免不了要发脾气。其实，父母对孩子在出生时有着极大的耐心，可是随着孩子一点点长大，耐心也被磨没了。

无论何时都要对孩子保持耐心。因为，很多问题都不是孩子的错，他们也没意识到是自己错了。所以，父母用极大的耐心去包容孩子的要求，去稳定孩子的情绪，这样也会把耐心传递给孩子，让孩子也学到耐心。任何父母都不希望自己的孩子成长为一个粗暴急躁、乱发脾气的人。

有时候，对孩子的不耐烦或许让父母自己都大吃一惊，仔细想想在教育中的过失，一边教育孩子发脾气不解决问题，一边却对孩子发脾气。父母要懂得尊重孩子的成长规律，孩子发脾气闹情绪，说明孩子在成长，他的自我意识和智商都在增长。平时多给自己一些心理暗示，任何时候都不要对孩子发脾气，跟孩子好好地交谈，才能够使孩子继承良好的教养。

4. 孩子以哭为武器怎么办

场景1：

丽丽在客厅玩，不小心把茶几上的茶杯给打碎了。这个茶杯是妈妈最近花了几百元钱买的，妈妈看到茶杯被打碎了，伸手指着丽丽，刚要责骂两句。丽丽却先大哭起来，哭得声嘶力竭，好像是丽丽受了天大的委屈一样。妈妈见此情景也不好再骂，只好把丽丽抱在怀里安慰她。

场景2：

在超市买东西时，孩子想买一个玩具没得到满足，于是就大哭大闹，甚至坐在地上不起来了。开始时，父母不予理会，等到哭声愈来愈大时，就会责备孩子。紧接着，周围越来越多的人投来目光，父母开始感到尴尬，于是就不得不顺从了孩子。

哭是一个孩子最常用也最管用的武器。大多数时候，孩子哭并不是因为他们真正受到了伤害，而是想通过掉眼泪来得到父母的关注，希望父母能够顺从他们，或者是得到父母的重视。

孩子的哭声很大，吵得人心烦，所以父母总是会先稳定孩子的情绪，让他停止哭泣再说。仔细观察就会注意到，孩子可能会安静下来，但仍然不高兴，长时间情绪低落，打不起精神。这表明当孩子以哭为武器的时候，其实是有很多内在原因的。

孩子一哭父母就服软是不行的。一旦孩子明白只要一哭就能够得到任何满足，当他有要求时就会使出这个撒手锏，父母则陷入一个恶性循环之中。当孩子用哭闹来要挟父母的次数越来越多时，父母也就只有缴械投降一件事可做了。

强硬地告诉孩子不哭也不是最好的办法。家长虽然可以用大声责骂、吓唬来让孩子停止哭泣，可是会在他心里留下深深的阴影。这会对孩子日后的成长造成更大的伤害。

哭是孩子发泄自己情感的一种形式，孩子哭肯定是有原因的。大部分情况下，孩子受到冷落、不重视，就会采用哭泣方式，试图得到父母的关怀。这个时候，如果冷落了孩子，孩子的心灵就会受到很深的伤害。孩子的情感不能宣泄和表达，会造成心理上更多的伤害。

几个年轻的妈妈带着她们的孩子在公园秋游，妈妈们在树下面闲聊，云云和亮亮在一旁荡秋千。结果，云云从秋千上掉了下来，碰到了亮亮，两个孩子都哭了起来。两位妈妈赶紧跑过去，云云的妈妈扶起云云，率先说道："别哭了，这有什么可哭的，都哭成大花脸了。其他小朋友看着呢，多丢人啊。"

云云还在哭，云云妈妈又说："再哭，妈妈不喜欢你了！"云云吓得赶紧把眼泪憋了回去。亮亮的妈妈则蹲下来安慰亮亮："疼不疼？别难过了，你一定摔疼了，不过你是个男子汉，一定要坚强哦。"亮亮妈妈还把他抱在怀里，安慰了他很长时间。

孩子哭闹的时候，父母最先要调整的是自己的情绪。德国心理学家卡萝拉·舒斯特认为，孩子的哭闹会让父母处于一种特别状态，让许多父母怀疑他们为人父母的能力。所以，父母会对孩子的哭泣紧张、排斥、反感，能够以一个良好的情绪面对孩子的哭泣，才能够处理好问题。

孩子的苦恼分很多种，父母要有针对性地应对。

（1）胆怯地哭

孩子会因为害怕而不由自主地哭，比如见到大狗、见到陌生人、怕黑、怕挨批评等情况都可能引起孩子的哭泣。中国父母喜欢在孩子碰到桌椅时去打桌椅板凳，把孩子被绊倒嫁祸给家具，这会强化孩子的胆怯心理，让孩子越来越不愿意承担责任。

所以，当孩子因为害怕而哭泣、浑身颤抖的时候，父母要先给孩子一个温暖的怀抱，用低声细语来安慰孩子。这一过程可能要很长时间，那也要保持足够的耐心，直到孩子不再害怕。

（2）任性地哭

孩子会通过大声哭闹来威胁父母。对于这种任性的哭泣，一点都不能姑息。面对孩子的任何无理要求，父母都不能妥协让步，否则就会让孩子变本加厉，有事没事就以哭来达到自己目的。

在这种情况下，父母要跟孩子简单明了地讲道理，让孩子明白任性是错误的。不要强迫孩子别哭，任何时候对孩子使用强迫手段都是不好的。让孩子自己去体会这其中的道理，也可以作一些"冷处理"。比如孩子哭，就假装不理他，让他自讨没趣；或者提出一个孩子感兴趣的话题，转移孩子的注意力，不知不觉中停止哭泣。

（3）宣泄地哭

孩子心爱的气球突然爆炸了，积木被小朋友推倒了，孩子感受到委屈和不顺心就开始放声大哭。婴幼儿的心理与成年人差别很大，他们把玩具拟人化，把一动不动的玩具当作自己的朋友，所以玩具遭到破坏的时候，就会用哭泣来宣泄情绪。

无论你有多忙、多累，这种时候一定要理解孩子的心情，不妨让他哭一会儿，把心里的委屈都发泄出来。认真对待孩子的哭泣，因为孩子需要父母的安慰，需要父母的怀抱。这时候，父母的一言一行影响着孩子内心的成长。

5. 关注孩子情绪背后的需求

孩子养了两个月的小乌龟死了，哭得吃不下饭。爸爸很不耐烦，说："哭什么哭，不就是只乌龟吗？爸爸再给你买一个。"

在大人眼中，就是一只乌龟死了，没什么大不了的。可是对于孩子来说，乌龟是他的朋友，失去好朋友的心情是极为难过的。

在这种情况下，父母不耐烦地告诉孩子别哭，无疑是对孩子情绪的不理解和不接纳，只会让孩子哭得更加伤心。孩子的心敏感而脆弱，他们的语言能力不够，所以把情绪都包含在举动里面。无休止地哭闹，遇到陌生人往身后躲，和小朋友总闹矛盾，爱生气，情绪化，固执极端，粗鲁无礼，等等，都是无言的表达。

法国心理学家费利奥沙认为："我们虽然无法猜出孩子的脑子究竟在想些什么，但可以做到不忽视孩子的感受。要让孩子有机会表达自己的情绪，有机会通过哭泣、喊叫、颤抖的方式来发泄内心的情感，而不是想着让他安静下来。哭泣、喊叫、颤抖都是表达痛苦、缓解压力和重新获得内在力量的方式。"

无论孩子的情绪好坏，都是正常的情感表达，所以父母不应当控制孩子的情绪。孩子说害怕恐龙，妈妈就说没什么好怕的，已经灭绝了。这种回答对孩子来说是一种忽视，孩子说害怕恐龙可能意味着他在表示"我想妈妈抱一下"。当孩子有了情绪表达时，父母应该首先表示接受，理解孩子情绪背后的需求，再去引导孩子正确面对，全盘否定孩子的情绪并不是解决办法。

孩子为了取悦父母，会选择压抑自己的情绪，感到害怕、难过时憋在心里，犯了错会撒谎，或者遭受欺负会隐瞒不报，哪一位家长希望自己的孩子这样成长呢？有没有想过，在孩子每一个哭泣、叹气、笑脸的背后，都深深藏着孩子内在的语言？孩子已经用情绪表达出来了，有很多父母却视而不见。

张女士送儿子到幼儿园，当她准备离开的时候，儿子就开始哭了。老师把门关上，抱起他去玩玩具。可是儿子一直哭得呼天抢地，不停地叫着："开门，开门！我要找妈妈。"

张女士觉得老师哄哄就好了，等她中午再去幼儿园偷偷看儿子时，发现他已经不哭了。接儿子放学时，张女士发现儿子的眼睛红红的，看到妈妈眼睛放了光，喊着："我要找妈妈。"张女士笑着说妈妈就在这儿呀，儿子还是不停地说要找妈妈。

接下来几天都是如此，每天把儿子送到幼儿园离开时都要哭得撕心裂肺，张女士也很难过，认为孩子还没适应幼儿园的生活。结果有一天，儿子死活都不出门，怎么哄都没用，就是不去幼儿园。张女士这才意识到，儿子对幼儿园有很深的恐惧。张女士很无奈，她以为送到幼儿园有很多小朋友可以很开心，结果居然这样抵触幼儿园。

从张女士的案例来看，儿子之所以哭闹着找妈妈及不去幼儿园，是他觉得父母不再关心他，所以才把他送到幼儿园去的。孩子幼小的心灵可能在想："他们只是希望把我丢开，去过他们的日子。"

如果这位张女士很关注孩子情绪背后的问题，早就应该察觉到孩子这种"被遗弃"的感受，就可以作足准备。比如，每天都跟孩子说去幼儿园有多么好玩，告诉孩子在幼儿园时妈妈会很想他，会第一时间接他放学回家。通过这样的语言、行动，让孩子慢慢明白是爸妈太忙没时间照顾自己，并不是不想要他才送他去幼儿园的。

与之相反的是，父母对孩子的陪伴一直不够，到了年龄就送到幼儿园，期盼他能够一下子独立自主、主动交朋友，这是不可能的。因为孩子极度缺乏安全感，才会不断地想要找妈妈，这种心理成因的背后隐藏着安全感的缺失。

孩子的每一次情绪表达都是一次成长，哭泣、伤心和烦躁都有背后的原因。父母应去理解孩子的内心感受，明白他们真正的需求，才能对孩子作出正确的引导，教导孩子用正确的方法表达自己。这样，孩子才不会因为受到冷落而大哭不止，不会因为受了委屈而闷闷不乐，逐渐变得成熟、懂事。

读懂孩子情绪背后的语言，是做父母的一项重要功课。听出孩子情绪背后的弦外之音，将使我们更加了解孩子的内心感受。

6. 为什么2岁至3岁的孩子总说"不"

有些父母发现，孩子在2岁至3岁时特别爱说"不"。这一阶段常常会出现以下对话：

"妈妈帮你穿上衣服。"

"我不。"

"快过来吃饭啦。"

"我不。"

"把玩具拿过来。"

"我不。"

父母很头疼，孩子一直很听话懂事的，怎么突然变得这么不听话了。其实这一阶段正是孩子的第一反抗期。相比之前，孩子的自我意识要更强，身体也比以前强壮许多，所以就开始表现出独立的状态，想要通过种种行为来向世人宣告："我长大了。"

所以，孩子表现出种种反抗父母的行为都是可以理解的，从某种程度上要满足孩子的一些任性要求，注意孩子对于独立的需求，也要注意给孩子足够的爱和保护。尽管有时候，孩子的这种任性很讨人厌，也不能刻意打压孩子的独立意识。

这时，父母要转变观念。当孩子说"不"时，并不意味着他在故意不合作或是拒绝大人的要求，甚至对于年龄很小的孩子而言，或许只是"不"字很容易说出口而已。

一个母亲做过一次试验，全天开着摄像机记录一个自己带孩子的过程。回放时，她震惊了，她一天里对着孩子说了无数次"不"。孩子的第一模仿对象就是父母，当他每天收到的大量的信息里都是"不"这样的否定词汇时，那自然也首先学会了说"不"。

孩子很容易模仿大人的说话方式，如果父母经常对孩子说"不"，孩子就会把这个习惯学过去。当你劝阻孩子做一些事情的时候，比如孩子乱丢垃圾，与其说"不可以"，不如说"宝宝捡起来"。

父母要学会判断孩子说"不"的状态，如果孩子是随口说着玩，那就视而不见好了。如果孩子过于任性，用"不"来反对很多事情，就要给予纠正，这时候要多用行动而非语言。比如让孩子去睡觉，孩子连声说"不"。这时候，大声严厉地警告他去睡，不如牵着他的小手回到卧室，躺在床上给孩子讲睡前故事。

当孩子表现任性的时候，习惯对一件事情执着地说"不"，这时，你可以采用转移注意力的方法，随便打个岔，孩子就会忘掉上一秒的事。这种转移注意力的方法不能太复杂，也不用撒谎，完全可以用生活里的新奇东西吸引孩子。

当孩子说"不"拒绝父母帮助的时候，爸爸妈妈完全可以尊重孩子的意愿，让他自己去完成一件事。比如孩子要自己吃饭，尽管动作不熟练，把饭洒得到处都是，可是这种鼓励对孩子来说是非常有用的。给了他成长的机会，父母可以在一旁提醒孩子吃饭的技巧，如"勺子慢慢放进嘴里"，也可以给孩子作出吃饭的示范动作。

给孩子提出要求时，如果怕被拒绝，那么就多使用一些柔和的选择性语言。比如问孩子"你喜不喜欢""想喝水吗"，第一反抗期的孩子就会不假思索地回答："不。"因为他们要任性地与大人反抗。可是如果给出限制性的提问，也就是给出两个选项，如"你想穿白色裙子还是粉色裙子""你想喝苹果汁还是想喝芒果汁"，孩子就会在其中挑选一个，而不是拒绝了。

父母也可以顺着孩子的拒绝诱导他。比如，希望孩子吃点东西，孩子不肯吃，妈妈可以说："噢，你现在不想吃，那就不吃。等你饿了再吃。我这会儿可是要多吃一点儿。"此时，孩子看到妈妈吃，很可能会跟着要吃的。

要注意的是，如果孩子想要做一些存在安全问题的事情，父母一定要果断制止。比如，孩子非要帮妈妈端一盘很烫的菜，妈妈要及时制止并告诉他："这很烫，会把手烫得很疼。"同时，可以找一件别的小活儿交给孩子完成。

如果孩子拒绝的话说得太多，父母要耐心地跟他讲道理，不要着急用简单粗暴的方式命令他说："照着我说的做！"父母可以耐心地给孩子解释过程，比如，为什么要喝水，为什么要换尿不湿。孩子的理解力往往超乎大人的想象，他们甚至会重复你的只言片语，乖乖配合。

孩子重复说"不要"的时候，多少有点要熊的气势。每当这个时候，可以把自己变成他的小伙伴，和孩子玩挠痒痒，他就咯咯地笑个不停了。比如，他眉头紧锁的时候，你可以学他噘嘴的样子，然后瞬间在他面前换成笑脸，孩子也会马上变开心，从"不"的困境中解脱。

7. 如何应对脾气暴躁的孩子

孩子脾气暴躁是一个大问题，小时候不纠正，长大了就成为暴躁型人格。脾气暴躁的孩子不顾场合、时间，稍有不顺心就会大发雷霆，摔打东西，满地打滚哭闹，抱着大人的腿赖着不走，等等。这些行为称为暴怒发作。暴怒发作中的孩子往往不听劝阻，除非大人满足他们的要求，否则会僵持下去。

很重要的一点，千万不要以为孩子脾气暴躁是天生的。婴幼儿就像一张白纸，他的性格、教养都是父母后天添加的。

家庭不和谐是导致孩子脾气不好的重要原因。夫妻之间总会有因为家庭琐事闹矛盾的时候，吵吵架、发发脾气是很多见的。可是有些父母吵架的时候不避讳孩子，让孩子把吵架过程全都看在眼里，这对孩子心理是一个极大的创伤，严重的吵架场景可能会影响孩子一辈子。

孩子受父母吵架的影响，也会形成用发脾气解决问题的习惯，甚至养成心胸狭窄、脾气暴躁的性格。

有一个"孩子玩偶实验"充分说明了孩子为什么会出现攻击行为：

安排两组儿童，一组儿童观看成人对玩偶攻击的场景，另一组儿童看到的则是成人耐心跟玩偶说话。然后，把两组儿童带到另外的相似房间，第一组儿童刚进去就立刻模仿成人，对玩偶进行拳打脚踢，而第二组儿童则没有暴力行为。所以，孩子出现打人、发脾气这样的攻击行为，是通过他们有意或无意地观察成人的行为模式形成的。

弗洛伊德认为，侵犯倾向是人天生的、独立的本能倾向。孩子打人、哭闹、摔东西等攻击行为，实际上和他的吃喝的本能需求是一样的。孩子饿了，出于本能就会哭。孩子内在的攻击性的表现在行为上的体现就是不听话、发脾气、打人、骂人等攻击性行为。

从心理学的角度上来说，孩子适当的发泄对他是有好处的。如果内心有情绪，一直不对外、不释放，而是深深埋在孩子心里，这往往会给人带来精神或心理方面的疾病。只要孩子表现的程度不严重，持续的时间不是很长，就不用担心，这是正常的一个行为模式。父母不要把它看作洪水猛兽，一点都不能容忍，完全可以放下焦虑。

刘先生家里最近生了个二胎，老大也很小。最开始，老大对小弟弟照顾有加，可是当小弟弟开始学会走路后，老大脾气就不好了，开始欺负小弟弟。小弟弟也不甘示弱，俩孩子总打架，自然是小弟弟每一次都被打哭。本来能好好吃饭的老大变得要人喂才肯吃，本来很听话的老大现在好像做什么都很叛逆，动不动就要摔东西。

其实这个案例很简单，就是家里有了新的孩子，老大要争宠。面对孩子脾气暴躁的问题，尽管不用太担心，也要给予正确的引导。比如刘先生的案例，对于两个孩子一定要投入相同的关注，不能忽略了哥哥的感受。尤其是当两个孩子打架的时候，一定不能每次都责备哥哥"你真不懂事"，这只会一次又一次伤害哥哥。

当孩子脾气暴躁的性格出现时，父母可以用以下方法应对：

（1）训导而非惩罚

孩子出现情绪问题的原因有很多，父母一定要了解背后原因再去处理，千万不能孩子一哭就呵斥他不要哭，孩子一闹就冷面相对斥责。或许在那种情况下，孩子才是真正感受到孤独的人，感到恐慌、嫉妒、压力等情绪，需要人理解和安慰。所以，不要每一次都对孩子的情绪脾气暴躁进行惩罚。惩罚的次数多了，孩子就会逐渐把自己的心封闭起来，这对于成长是不利的。

（2）冷处理

小孩子年龄小，心眼可不少。有时候，他大发雷霆，大闹不止，其实在偷偷观察大人的反应，让大人紧张焦虑，对他无可奈何，最终听他指挥。这种时候，父母可以作冷处理，给孩子一个冷却的时间，也给自己一个冷却的时间，急躁地惩罚、制止孩子永远不如一次冷处理要更加管用。

（3）分散孩子情绪

孩子通过无理取闹来征服大人，父母可以用分散情绪的方法解决。比如，孩子不喜欢刷牙，每一次刷牙都故意捣乱或发脾气。这个时候就可以提醒孩子："快点把牙刷了，熊大和熊二的动画片要开始了。"孩子就会乖乖地去刷牙。孩子都很在意自己的感受，所以不用强硬的方法最好，稍微给孩子一些新鲜的话题，孩子的暴躁脾气就会缓解。

（4）找个有威信的人物

如果上述方法都不管用，那么可以找一个有威信的人物让孩子听话。一般来说，孩子跟妈妈、奶奶、阿姨这些经常照顾自己的人关系好，也最容易向她们耍赖皮发脾气。爸爸、爷爷则是很严肃的，尤其是不怒自威的爷爷，说话是很管用的，因为孩子很害怕他。

8. 如何培养孩子的情绪自控能力

乱发脾气、坐不住、无法集中注意力、说哭就哭，这些都是孩子情绪自控力缺失的表现。当然，一个 2 岁至 3 岁的孩子无法控制自己的情绪是再正常不过的事，父母要做的就是在这一阶段给孩子最好的情绪控制教育。

2 岁以下的婴儿还不具备自控力，在这之后，自控力开始萌芽。有研究表明，一个 2 岁的孩子在被允许触摸某件物品之前，能够单独等待几分钟。可是，一个自控能力很差的孩子总是管不住自己的手，总是任由自己的情绪发泄。这一阶段的教育要让孩子在违反规则的时候感到害羞，让他们在无法控制自己而违反规则时产生不安感，并开始遵守正确的规则。提高孩子的情绪自控力是一个漫长的过程，需要很多步骤和方法搭配，才能打造出有教养的孩子。

（1）让孩子学会暂停自己的情绪

在孩子情绪激烈的时候，父母要让孩子学会从潜意识里找回理性状态，这样才能够进行处理情绪的问题。你可以给孩子设置一些提示语，比如当孩子情绪激动的时候，父母说一句"我生气了"，就可以给孩子足够的心理暗示，让他明白自己已经控制不住情绪了，孩子就会进行收敛。

（2）引导孩子学会识别自己的情绪

父母要注重孩子的感受并认可孩子的情绪，而不是压制孩子的情绪。孩子并不懂得发怒、摔东西、痛哭会造成多大的伤害，他们只是有了情绪就去发泄。所以，要引导孩子明白不同情绪的不同意义，让孩子说出自己的感受，能够更好地帮助孩子识别自己的情绪。

教给孩子正确的表达情绪词语。在日常生活中，你可以教给孩子一些表达情绪的话。比如，当孩子摔倒要发脾气时，父母可以说："摔疼了吧，我知道你很郁闷，不过站起来就是男子汉。"这样，孩子就知道自己在"郁闷"，找到自己正确的情绪认知，更好地表达情绪。

教给孩子正确的身体表达。父母可以教给孩子关于身体反应的基本常识。比如，害羞的时候会脸红，愤怒的时候会咬牙切齿，失望的时候会垂头丧气，等等。孩子会逐渐明白用身体合理地表达情绪，而不是用摔打东西表达一切情绪。

通过现实世界案例教导孩子认知情绪。当看电视、照片、当事人时，可以教给孩子认知不同的情绪，告诉孩子："这个人跟自己的小狗走散了，现在很伤心。""那只小鸟的妈妈回家了，小鸟高兴地唱着歌。"

（3）引导孩子适当宣泄

情绪总憋在心里不好，有的父母看到孩子哭了，就说："好孩子，不许哭。"或者孩子在幼儿园拿了小红花，父母又说："别骄傲，还需要努力。"严重地说，孩子的情绪被父母剥夺了，大人都有喜怒哀乐的表达，更何况孩子呢？所以，父母要引导孩子进行合理的宣泄。比如，孩子养的小宠物死了，他很伤心。这个时候，让孩子安静地哭一场是件好事。

引导孩子发泄情绪的时候，一定要教育孩子不能伤害自己和别人，也不能破坏东西。父母要手把手地教孩子健康发泄，比如写日记、运动、游泳、诉说、唱歌等，这些都是合理的宣泄方法。有一个家长的方法很好，专门开辟出一个角落当"涂鸦墙"。每次孩子不开心的时候就拿起笔在涂鸦墙乱画一气，不一会儿情绪就好了。

（4）增强孩子的心理免疫力

一般来说，孩子情绪失控是因为需求得不到满足，语言能力又差，无法跟大人有效沟通，就开始发火和哭泣。所以，父母可以针对孩子可能情绪失控的场景，提早进行预防。

奇奇很贪玩，每一次都玩得废寝忘食。妈妈每一次叫他吃饭，他都不答应，一定要玩很久才行。如果妈妈用力去拉奇奇，奇奇就会非常生气，甚至觉得自己受到了委屈，大哭起来。

后来，妈妈改变了方法。在吃饭前20分钟，每隔5分钟，妈妈就提醒一次："奇奇，马上吃饭了，你准备好了吗？"就这样一直提醒了好几次，奇奇逐渐有了心理准备，真到了吃饭的时候，也不会特别抵触。

(5) 教给孩子必要的情绪自控策略

通常，孩子不懂控制情绪的方法，这就需要父母耐心去教。一般常用的情绪控制法有3种：转移注意法、延迟满足法、自我暗示法。

转移注意法是孩子情绪不佳的时候，父母鼓励孩子去做自己喜欢的事情，转移注意力。比如，让孩子去找朋友玩或看电视，孩子的坏心情就像是一块乌云，很快就能飘走了。

延迟满足法是指孩子因为没有得到满足而烦恼时，父母对孩子进行安慰，告诉他迟早都会得到，只是时间早晚问题。比如，孩子想买一个玩具，父母不要每次都立刻答应，可以告诉孩子再等两个星期。通过这种方法锻炼出孩子的自控能力。

自我暗示法指的是让孩子用积极的自我暗示来控制自己。比如，教给孩子调控心情的深呼吸，让他在心情不好的时候对自己说："今天天气很好，你很棒。"或者孩子容易发脾气，让他对自己说："要冷静，发脾气不能解决问题。"孩子在内心里重复这样的话语多了，就会慢慢学会控制自己的情绪。

9. 允许孩子自由地表达自己的情绪

"我再也不要和你说话了。"

"你最讨厌。"

"我恨你。"

当孩子表现出这类情绪时，潜藏在愤怒情绪之内的可能是无助、挫折感、沮丧及害怕，这些情绪都会伤害到孩子的自尊，如此一来就会产生愤怒的情绪。这时父母应该先冷静下来，耐心地问："我看得出来你很气，可不可以告诉我，你为什么如此生气？"

宁宁拿自己画的棒棒糖，兴高采烈地给妈妈看。妈妈看到后，很开心地对宁宁说："宝贝真棒，画了一朵漂亮的花。"宁宁一听马上摇头，想要否定说"不"，告诉妈妈那不是花。但妈妈仍在赞美"好漂亮的花"。最终，宁宁没有表达出自己的想法，变得失落、沉默起来。时间一长，就喜欢发脾气，有人和他说话也喜欢大声地喊回去。

因为妈妈没有让孩子表达出自己的想法，长此以往，就会让孩子产生"没有人喜欢我"或"我的感觉并不正确，只有妈妈的感觉才是正确的"的感觉。长大之后，很容易产生各种心理问题。不可否认，每个父母对孩子的愿望都是良好的，但对于孩子而言，自己的感受才是最重要的，只有在自由表达自己、尊重自己的基础上，才能建立起健康的自我。

如果孩子不能自由地表达自己的情绪时，对孩子而言，父母是他们认为最适当的情绪宣泄对象，因为这是他们最亲密的人，能够时刻给予他们支持。所以，当孩子弄坏了自己最喜爱的玩具、和最好的朋友吵架、感到悲伤无助时，他会在父母面前无所掩饰地将所有内心的感觉宣泄出来。

苗苗生气了，因为天天抢走了她最喜欢的气球，她怎么也追不上。苗苗很难过，她想哭，想大叫，甚至想狠狠地咬天天一口。

妈妈看她这个样子心疼极了，手忙脚乱地安慰她："别哭，别生气，咱们再不和他玩儿了。"生怕苗苗把自己气出个好歹来，或者忍不住咬天天一口。

爸爸却不管不顾，由着苗苗哭闹，还劝说妈妈让孩子随意宣泄自己的情绪。

其实这两种做法都失之偏颇。一个人闹情绪并不总是一时冲动，所以，哪怕是生气、悲伤和恐惧这些消极情绪，也属于激发适应性行为，具有适应的功能。当然，纯粹的放纵这样的情绪表达，就将难以发挥这种功能。苗苗需要有保护自己的冲动，但任意哭闹并不能解决问题。

所以，若是父母对于孩子的发脾气只是责骂，或者直接不理不睬，任由他去吵闹，这都是对孩子不利的表现。对于孩子的情绪化表现，父母应该给孩子时间，耐心地等待孩子，鼓励他用言语表达内心感受，允许他把自己的情绪表达出来。这样才能帮助孩子成长为理性、成熟的人。

面对孩子的情绪表达，父母可以这样做。

（1）让孩子说出自己的情绪

不管孩子是因为什么原因产生的情绪，教他用言语表达出来。让孩子表达出他的感受，他就不会用肢体来表达情绪了。

（2）做孩子的模范

父母的行为和表达方式，是孩子最好的学习对象。当你在表达情绪时，你的动作和说话方式都会成为孩子观察和仿效的目标。所以，父母的言传身教是最具潜移默化效果的，对孩子的成长也起着长远且决定性的影响。

（3）让孩子敏锐的觉察力有表演的空间

幼儿时期的孩子，有戏剧化的情绪表现是自然而然的，父母可以利用孩子这种敏锐的觉察力和感受去玩游戏。例如和孩子玩角色对调的游戏，这样可以让孩子了解你也是敬重他的，也可以从孩子的表现中了解自己在孩子心目中的形象。

因此，当孩子表达自己的情绪时，父母需要给孩子表达的空间，允许他自由地表达自己的情绪。而不是压制孩子的性情，或者和孩子针锋相对。

　　有的家长曾说："孩子不乖，我就一个巴掌打过去，他马上不敢造次。"的确，暴力总是能产生立即的效果，但就长远的眼光来看，对孩子的成长是非常不利的。这会让孩子觉得，力气和更强的情绪是压制别人的手段，并且孩子很可能确定暴力是解决问题的有效方式。

　　所以，当孩子有了选择的能力，能够表达自己的情绪时，孩子最大的需要就是要感觉独立自主。父母对待孩子的态度往往决定着孩子日后的人格发展，如果孩子在这种时候不能被满足寻求自主，或者受到过分的压抑，那孩子在日后也就很难真实地表达自己的感受了。

第五章　语言智能，开启孩子阅读和理解的大门

1. 孩子的语言天赋越早发掘越好

7 岁以前是孩子的语言敏感期，而在 3 岁以前，孩子的语言天赋将达到高峰，这也是孩子语言启蒙的最佳时期。所以，很多早教专家都会提醒父母，在孩子还不会说话的时候要多陪孩子聊聊天、说说话，有助于孩子日后的语言发展。

对此，有些父母可能会想："他们都还不会说话，能听懂什么，还不是对牛弹琴一样？"如果父母有这种想法就大错特错了，因为孩子不止能听懂父母在说什么，还对父母说过的话有着深刻的语言记忆，这样的语言记忆在日后的语言发育和学习中将会起到重要作用。

8 个月至 12 个月是孩子非常关键的语言学习时期。很多孩子都会在这个阶段开始发出他们人生中的第一个有意识的音符、第一个完整的单词、第一句完整的话。像第一次叫爸爸妈妈，第一次叫爷爷奶奶，都会在这一阶段发生。

18 个月之前，应该是孩子的一个语言积累期，千万不要低估了孩子在这一阶段的语言储备，他们会在日常的生活当中进行观察、模仿、实践，然后在语言学习的过程中表达出来。

张女士家的孩子还不到 2 岁，她一直觉得孩子还小，也就从不担心孩子会模仿大人说话，于是夫妻之间的聊天也从不会刻意避开孩子。

没想到突然有一天，孩子学着爸爸的口气对妈妈说："亲爱的，我想喝水。"张女士和老公瞬间惊呆了。

有心理学家指出："在刚满 2 岁时，每个儿童都是语言天才。"所以，千万别小看 2 岁孩子的语言能力。这个年龄段的孩子可以说很多话，简单的问好、称呼都不在话下，有的甚至可以有模有样地背"小老鼠上灯台，偷油吃下不来"。

甜甜从小生活在一个语言相对复杂的环境中，普通话、长沙话、上海话夹杂在一起，导致甜甜常常会说一些惹人发笑的话。像奶奶常做的凉拌黄瓜这道菜，甜甜在想吃时就直接说："我要吃黄菇。"因为上海话里黄瓜的发音是"王菇"，所以甜甜的前半截用普通话说"我要吃黄"，最后一个字却又用上海话的音调，把大家都逗乐了。

最初妈妈对这种情况很担心，因为混杂的语言可能会给孩子造成不知如何开口的困惑，但甜甜可以把多种语言运用自如，于是妈妈便安下心来。

可能和从小的语言环境有关，甜甜总会时不时翻出妈妈书柜里的日语书来，让妈妈念上几段。时间一长，竟然可以非常标准地重复。后来，甜甜甚至可以用正宗的日语唱出《樱花》《幸福拍手歌》等歌曲。

3 岁至 4 岁时，是孩子语言学习的爆发期。很多孩子会在这一阶段有意识、主动地表达一些句子。他们会说："妈妈，我想喝牛奶。""爸爸，我要那个蓝色的飞机。""妈妈，我走不动了，要抱抱。"

并且，在这个阶段的孩子还会表现出对语言学习的很大需求，有时在没有人陪他们聊天的情况下，他们还会自言自语。渐渐地，孩子还能够说出一些逻辑性比较强的话，例如："奶奶身体好吗?""请你到我家玩儿。""阿姨会教我们唱歌。"

那么，在这几个语言学习的关键时间里，孩子学习语言所需要的词汇和句子是哪里来的呢？父母、电视、故事、周边的谈话、书籍等，都是孩子学习词汇和句子的来源地。所以，在孩子的语言学习期，父母在讲话一定要多注意，一些不文明语言要摈弃，并多和孩子聊天、阅读、讲故事等，或者带孩子外出，认识更多的小朋友，这都有助于孩子语言能力的提升。

例如，孩子上幼儿园后，因为周围的小朋友比较多，会有效地刺激孩子的语言表达能力。父母会发现，在这一时期，孩子的口语表达能力仿佛一夜之间突飞猛进了。这一阶段，孩子会有条理性地进行表达，一般生活性的交流已经没什么障碍了。如："我在上幼儿园，幼儿园有很多小朋友，我们一起画画、唱歌。""我家住在红绿灯前面，不远，一会儿就到了。""我给你出个题目，答对了可以吃一颗糖。"

这一阶段，在条件允许的情况下，多带孩子出去走走。让他们学会观察大自然，并进一步学会思考，让他们做一些语言描述，或者尝试做一些口头作文。这对孩子的语言表达和独立思考能力有着很大的帮助。

2. 最好的教育就是为孩子大声朗读

美国教育专家特利斯认为：为孩子大声朗读是最有效的教育秘诀。但是，有很多家长对这一秘诀都抱有怀疑的态度。因为这个方式实在是太简单了，并且丝毫不费力气，于是就会觉得这是过于夸大其词的说法。其实，特利斯劝告父母为孩子大声朗读，是因为那是除了搂抱孩子以外，父母可以给子女的最好东西。他甚至表示：阅读已经成为今天生活中最重要的社会元素。

英国著名学者福克斯也曾说过："如果家长明白大声朗读能够给孩子带来巨大的学习收益和强烈的幸福感，如果每个家长或照顾孩子的其他大人能够给孩子一天至少读三个故事，那么我们很有可能只要在一代人中就能彻底改变文盲的状况。"

许多研究人员同样认为，大声朗读是父母对孩子表达的爱语。随着孩子的逐渐成长，他们会把这样朗读的声音当作一种安宁和安全的声音。

目前为止，"最好的教育就是为孩子大声朗读"这一观点已经得到了众多早教专家学者的认同。所以，父母需要越早甚至在孩子一出生的时候就开始为孩子朗读，这样不仅能够帮助孩子脑部发育，提高语言表达能力，也可以和孩子建立良好的亲子关系，并促进孩子其他方面的良性发展。

周宁的女儿刚出生没多久，夫妻二人就开始遵照专家的建议为孩子大声朗读。他们除了希望这样做可以促进女儿的智力发育之外，还因为这个孩子有着天生的智力障碍，通俗来说就是"天生是个白痴"。

周宁夫妻二人每天为女儿念 10 页书，期待这个办法可以起到作用。孩子出生几个月后接受了一次手术，周宁就把朗读的故事录在音带上，请护士为她播放。

苍天不负有心人，周宁夫妻的"为孩子朗读"最终获得了惊人的效果。女儿 5 岁时，竟然可以进行自主阅读了。现在，女儿已经进入小学，并酷爱读书，连老师都形容这个孩子的识字之多"简直不可思议"。

根据调查显示，一个孩子刚出生时，脑部只发育了 25%，剩下的都是在 1 岁之内发育。所以，在这个阶段，对孩子朗读或只是简单地对话，对孩子的脑力和语言能力的发展都是非常重要的。

如果父母可以坚持每天给孩子朗读，并在孩子长大能够自主完成阅读时也为孩子大声朗读，对孩子的成长起着关键性的作用。在英国，就算孩子到了五六年级的时候，老师也会定期为学生进行朗读，一般在这个时候，也是学生最享受最安静的时候。

美国总统布什的母亲很支持与孩子共同阅读。她说："我总是尽可能多地与孩子们一起读书，有时我也让他们读给我听。我的一些孩子直到很大后，还保持着与我共同读书的习惯。当他们放假或有空闲的时候，我们就会轮流地读一本名著。有时，还会就精彩的部分进行讨论。"

除了引导孩子的阅读习惯外，布什的母亲还用许多方法来提高孩子的阅读兴趣，例如全家人一起阅读一本书，每个人都选一个角色，然后把故事化为戏剧，全家人一起演戏；或者为喜欢的作者过生日、把阅读化为戏剧表演等。

为孩子大声朗读，并不是读什么都可以的。如果是父母自己不喜欢的书，那最好不要读。因为阅读应该是一件享受的事情，自己都不感兴趣又如何能在阅读中感受到快乐呢？并且要注意，你是为孩子读，甚至是刚出生的孩子阅读。

一般情况下，可以为孩子阅读一些与孩子年龄相仿的书籍。如刚出生没多久的孩子就需要读一些押韵类书籍和歌曲童谣，这样才能有效地帮助孩子发展他们的语言能力。如果条件允许的话，可以在家里藏书或经常带孩子去图书馆。所以，父母想要让孩子成为优秀的读者，最基本、最重要的就是大声朗读给孩子听。

为孩子大声朗读的好处在于：

如果从小就能培养起孩子阅读的习惯和兴趣，对这个孩子的一生都将产生积极的影响。都说"活到老，学到老"。未来社会要求人们具备终身学习的能力，而良好的阅读习惯正好可以培养孩子终身学习的能力。

从孕育到出生，再到一天天长大，对于孩子来说，他听得最多的、最动听的就是父母的声音。孩子非常愿意听父母阅读的声音，因为这会让他享受到亲情的爱抚和快乐。

当父母大声读给孩子听时，可以引导孩子的思考能力，让孩子变得耐心并善于学习。

3. 提升孩子的词汇量，可以这么做

每个孩子说话的时间并不一样，总是有早有晚。但很多父母在看到自己的孩子到了该说话的时候还是吐字不清，就会显得特别着急。这是因为父母很多时候更关心孩子会不会说话，却忽略了孩子词汇量的积累。

在孩子 2 岁左右的时候，对一些基本概念（如日常物品、颜色、形状、数字等）及简单问句（如谁、哪里等）都可以完成，但他的表达大多仍停留在简单的词组表达上，如"吃饭""积木"等。或者可以表达短句，但也仅限于自己的需求，如"我要吃饼干"。

龙龙刚开始学说话的时候，妈妈很吃惊，好像昨天还只会叫"妈妈"，今天就可以说出其他的词，甚至是短句。虽然不知道龙龙是从哪里学来的，妈妈还是感到很欣慰，因为这意味着孩子以后就可以表达很多意思了。但在一段时间后，妈妈表示，很多时候，她根本就听不懂龙龙在表达什么。

专家分析表示："孩子学会说话，这只是一个开始，因为孩子的大脑在 10 岁前捕捉和反馈信息的能力比一生中任何一个阶段都要强。如果能在这个阶段，通过极其自然、温和、有效的方式帮助他拓展词汇量，对孩子而言，是一件非常有益的事情。不过，需要讲究方法。"

就像孩子总是喜欢用昵称和精简后的字词来描述他周围的对象，

这时父母就可以通过表达正确的对象名称来帮助增加孩子的词汇。如孩子喜欢叫一辆车为"嘀嘀",爸爸妈妈最好告诉孩子这是"一辆车",这样就能够让孩子更快、更好地学会某些特定事物的名称。

所以,对于这个阶段的孩子,父母需要重点练习孩子的语言表达能力。而提高孩子的语言表达能力,首先就需要扩充孩子的词汇量。在日常生活中,父母可以通过多种方式来扩充孩子的词汇量。

父母可以让孩子认知家中的家具、电器、厨房用品等,其间通过问句来引导孩子进行表达。就拿电饭煲来说,可以问孩子:"这是什么?""妈妈要用什么做饭?""妈妈要去哪里盛饭啊?"

也可以带着孩子做家务,在这个过程中可以对孩子说:"我在洗衣服。""我在擦地板。"然后尝试让孩子进行表达。或者在给孩子穿衣服的时候说出衣服的名称,并向孩子解释:"我现在要把你右手边的袜子穿到你的小脚丫上。"

还可以通过实物区分让孩子进行表达。比如在孩子面前放两个苹果,一大一小,然后对孩子说:"这个苹果小。""我要吃大苹果。"这些都是有效提升孩子词汇量的方法。

丁丁还不到3岁,却比同龄的孩子多掌握了许多词汇。有人问丁丁妈妈是怎么教孩子的,妈妈表示,她平时会用做游戏的方法来和孩子交流。比如在陪孩子搭积木的时候,她会和孩子说:"我们现在给小熊一家搭一座城堡好不好?"孩子可能不知道城堡是什么。当他问她的时候,她就可以告诉他。

有时候,丁丁妈妈也会用生活中的场景来与孩子对话。比如和孩子一起做一道真实的菜,你可以说:"我现在要做煎饼给顾客,你要一起做吗?"孩子可能也不知道"顾客"这个词是指什么,这就给了孩子机会来向你提问。当然,即使孩子并没有问些什么,但他仍然会在妈妈的话语中吸收到新的词汇。

想要提升孩子的词汇量，可以这样做：

（1）不停地重复

通过研究证实，如果孩子与"喋喋不休"的妈妈在一起生活，能够更快、更多地学到口头交流的技能。也就是说，父母与孩子说得越多，孩子接收到的也就越多。同时，父母在和孩子说话时，一定要注意语言的准确性，并及时纠正孩子某些不恰当的用语，这对孩子提升词汇量是非常重要的。

（2）引导孩子更多说话

父母在与孩子说话时，不能只让孩子听到或得到孩子"是""不"的答案就够了，还需要给孩子提供更多的对话机会，在这样一来一往中才能更好地学会说话。当然，在孩子对你说话时，父母最好蹲下来，与孩子保持平视，注视着孩子的眼睛。通过这样的肢体语言告诉孩子：我在认真听你说话。这是对孩子最好的鼓励和赞许，可以帮助孩子更多地开口。

（3）和孩子做游戏

可以让孩子找出正确的动物图片。以兔子为例，当孩子拿起一张图片会问妈妈："妈妈，这是兔子吗？""不是，兔子有长长的耳朵和红红的眼睛。"然后，孩子就会继续找，并且每找一张都会问。妈妈在回答时，就可以给孩子指出一些辨认的要点，直到孩子找到正确的图片。在孩子寻找的过程中，孩子可以逐渐认识兔子的名称和特点，并且印象深刻，能够牢记。

4. 睡前故事怎么讲

所谓睡前故事，是指专门在孩子睡觉之前为孩子讲的故事。一般 8 岁之前的孩子都需要睡前故事，尤其是 6 岁以前的孩子在睡前更需要父母的陪伴。没有孩子不喜欢听故事，在故事中，孩子可以感受世界的美好和父母的爱。

"从前有个美丽的公主……"只要你的故事一开始,孩子明亮的眼睛就会紧紧盯着你的嘴巴,仔细地听着,脸上的表情会随着故事的情节起伏变化。

常听睡前故事的孩子会更活泼、开朗,更愿意和别人沟通、交流,增加彼此的信任,而且处事能力会比较强,长大了常常能成为社交高手。因为睡前故事可以让孩子坚信,父母永远会陪伴在身边,保护自己。就这样,孩子一边听着故事,一边慢慢地进入梦乡。

那么,睡前故事到底要怎么讲呢?

一般来说,孩子年纪小的时候,理解力、感受力都很差,父母需要选一些内容简单、情调欢快的故事;年纪稍大一些的孩子,可以讲内容复杂一些、哲理性强一些的故事。

喏喏今年刚3岁,特别喜欢听妈妈讲故事。一天在午睡之前,妈妈给她讲《白雪公主》。告诉她说:"一个城堡里住着一个漂亮的小女孩,她的皮肤像雪一样白,所以叫她白雪公主。但是,公主有一个后妈,心肠很坏……因为太累了,白雪公主就在小床上睡着了。醒来以后发现了7个小矮人……"

故事刚刚讲到这里,喏喏就问:"她没有家吗?"妈妈告诉喏喏:"她有家,但是她的家在城堡里,她的爸爸就住在那里。"

喏喏又问妈妈:"那她的爸爸为什么不管她?"妈妈告诉她:"因为她爸爸工作太忙了,每天都要去上班,所以没有时间。"结果小小的喏喏就问妈妈:"爸爸每天也要去上班,他是不是也不爱我呢?"

因为喏喏还小,所以有点理解不了故事的内容,如此一来就起不到教育的作用,反而会伤害到孩子的心灵。如果在给孩子讲这个故事的时候,适当地截取一些片段,直接跳到白雪公主和小矮人开心玩闹的场面，孩子一定可以听得明白，也会听得很开心。

为了增加故事的趣味性，父母在给孩子讲故事的时候可以加入一些技巧。一般地，父母可以根据故事情节的发展和任务性格的特点，加入一些动作或者是模拟的声音，比如火车来了，有"隆隆"的声音；小猫发出"喵喵"的叫声等。

形形每天睡觉前都会缠着爸爸给她讲故事，因为爸爸讲的故事有趣极了。其实这是因为爸爸在讲故事的时候总是会发出有趣的声音，如汽车的"嘟嘟"声、小狗"汪汪"叫、小猫"喵喵"叫等，而不是呆板地直接讲出来。并且爸爸的声音和妈妈的声音也应该不一样，总是能够充分表现愤怒、愉快、开心、失望等情绪，让形形的睡前故事和广播剧一样精彩。

同时，爸爸会注意故事的情节。因为爸爸知道高潮迭起的故事可以引起孩子注意，也容易使孩子过度兴奋，并不适合睡前讲述。所以为了让孩子安静地入梦，都会有意识地选择一些具有安定感、情节变化平静的故事，还会不时地根据孩子的情况来调整故事的内容。

还有一点需要注意，不主张父母在讲睡前故事时，只是和孩子一起躺在床上，然后手里拿着一本书，一边看一边念。因为睡前故事的目的是为了让孩子睡觉，如果看着图书，里面的画面就会吸引孩子的注意力，从而兴奋起来，就达不到尽快睡觉的目的了。并且，看着书讲故事需要开着灯，这不利于营造睡觉的氛围。

理想状态下的睡前故事应该是这样的：和孩子洗漱之后，一起躺在床上，盖好被子，先和孩子聊几句家常，像"宝贝今天把饭都吃完了，真棒"之类的话。然后对孩子说："好了，下面是睡前故事时间，宝贝准备好了吗？一、二、三，关灯喽。"

当然，父母也可以根据自家的情况点上蜡烛、打开音乐等，尽量为孩子营造一种舒适的睡觉氛围,这样的氛围容易养成孩子按时作息、关灯睡觉的好习惯。一切准备就绪后,再用温柔的声音讲舒缓、美好的故事,直到孩子闭上眼睛,进入梦乡,这时睡前故事就可以结束了。

也许孩子无法记住父母所讲故事的内容,但在这种温馨的氛围下,父母慈爱的目光和温暖的气息可以一次次地印在孩子的心里,同时哄孩子睡觉的目的也达到了。

5. 鼓励孩子开口讲故事

在一次全国范围内的故事大王比赛现场中,几十个小选手在台上一较高下。比赛期间,有的孩子可以把故事讲得绘声绘色,感染观众;有的孩子却把故事讲得像背诵课文一样,不知如何发挥,还有的孩子甚至出现忘词或词不达意的现象。

对于这样的情况,有教育专家表示:"根据儿童学习与发展指南,语言表达能力仅次于健康,排在儿童应具备的要素第二位。"而 3 岁至 6 岁,正是孩子语言发展的关键时期。这个时候,父母不仅要多给孩子讲故事,还要鼓励孩子开口将故事给你听,这是锻炼孩子口语表达能力的很好途径。

歆歆的妈妈从小就培养歆歆的语言表达能力,每天都会和孩子进行交谈。等到歆歆上幼儿园后,妈妈也会引导孩子讲一些学校的事情。

后来,为了刺激她的阅读和学习的欲望,妈妈有时会装作对她的读书能力表示怀疑,然后找出歆歆书包里的故事书,翻开一篇问她:"你能看懂吗?"

"当然能看懂。"

"真的吗?"

"真的。"

"那你能把这个故事说给我听吗?"

"当然可以。"然后，歆歆就会开始讲书里的故事。

等她讲完后，妈妈会带着夸张的表情说："真不敢相信，你真的能看懂。真了不起。"

通过鼓励孩子开口讲故事的方法，可以帮助孩子从整体上提升综合素质。但父母需要注意一下让孩子开口的方法。

有的父母为了让孩子开口讲故事，可能会选择这样鼓励孩子："讲不好也没关系，多练习几次，慢慢就会讲得很好了。""你讲讲试试，妈妈相信你，你肯定能讲得很好的。"

也许孩子确实可以在父母这样的鼓励下开口，但有的孩子会在这样的鼓励下显得更紧张，原本想要试着讲讲的念头也会被父母这样的"催促"吓跑。

从父母的表情和语言中，当孩子可以体会到浓烈的成就感和自豪感时，他们可能会在心里得意地想："呵呵，看来妈妈也不知道，我讲给她听，给她也普及一下知识哦。我可以做妈妈的小老师了。"有了这样的积极性，孩子就可以把故事讲得更好听，进而取得更大的成就感和自豪感，然后不断地提高讲故事的水平，表现自己讲故事的能力。

对于2岁至3岁的孩子，靠自己的记忆讲述一个完整的故事并不是那么容易的，可以从看图编故事开始。父母在为孩子买书时，可以选一些只有图片、没有文字的书籍，让孩子凭着想象来看图编故事，反复尝试几次后，可以有效地增加孩子的知识面和想象力。比如，父母先给孩子看"小白兔借白菜和小灰兔借菜籽"的故事，然后提问并启发孩子："为什么小灰兔要借菜籽？""小白兔和小灰兔谁更聪明？"这时，孩子就能发挥自己的想象，讲述一个完整的故事。

对于3岁左右的孩子，父母可以在讲完一个故事后，给孩子留一个未完的结尾，有意识地给孩子留一些想象空间，引导孩子顺着自己的思路把故事编完。孩子通常会编出很多不同的结尾，虽然不乏想象却合情合理。

比如《动物介绍所》这个故事,当给孩子讲到大猩猩帮青蛙介绍了游泳教练的工作,还帮龙虾找到了裁缝的工作后,父母可以问孩子:"你说,大猩猩还会给哪些动物介绍工作呢? 还会介绍什么合适的工作呢?"孩子一定会很开心地说出很多答案,如"给小狗介绍警察的工作""给猫头鹰介绍巡逻的工作",等等。这是引导孩子续编故事的最好时机。只要稍加指点,孩子能够把故事扩展出新颖神奇的结果。

当孩子4岁左右,父母可以给孩子制造一些给故事挑错的机会,故意讲错故事,让孩子纠正,然后鼓励孩子讲出正确的故事。比如,妈妈在讲故事时故意说:"森林里有只河马,在树上飞来飞去……""妈妈,错了,河马不会飞。""河马为什么不会飞?""因为河马没有翅膀呀。""那河马会做什么?""河马会游泳。""除了河马还有什么动物会游泳呢?""青蛙、鸭子、鳄鱼……"

像这样有意识地把故事讲错,然后引导孩子反驳,既有效地巩固了孩子的所学知识,也能激发孩子的思维能力,还可以实现让孩子讲故事的目的。

当孩子4岁至5岁时,他已经可以连贯地表达多个句子,父母就可以鼓励孩子复述故事。一般为了调动孩子讲故事的积极性,可以采取奖励、表扬的方法。比如,当孩子要求父母讲故事时,父母可以试着提出:"妈妈讲完故事后,宝贝能送我一个故事吗?""这个故事这么有趣,宝贝讲给妈妈听好不好?"类似这样的方法可以要求孩子复述故事内容,并在复述完后给予鼓励和表扬。

对于5岁至6岁的孩子,父母可以给予适当的引导,让孩子发挥自己的想象力,自己编故事。

6. 给孩子开辟一个读书角

想让一个2岁至6岁的孩子安安静静、规规矩矩地坐在书桌前阅读，几乎是不可能的事情。但如果让孩子拥有一个舒适且有童趣的空间，则有可能让孩子把阅读变成一件温馨有趣的事，吸引孩子体会到阅读的曼妙。

小星星今年4岁，爸爸妈妈为了增加他的阅读能力可谓想尽了办法，都没能让这个调皮的孩子安静下来好好看书。但在妈妈为小星星整理出一个读书角后，孩子却老老实实地窝在里面，开心地看了好一阵书，还要求晚上就睡在里面。

来看看小星星的这个读书角。真的是名副其实的"角"，面积还不到2平方米，设立在沙发和阳台之间的空间里。麻雀虽小，但五脏俱全。靠阳台的墙面上钉着一扇横过来的百叶窗，小星星的故事书可以直接插在百叶窗的扇叶里；沙发和墙壁的角上摆着一个小台子，上面放着小星星的部分玩具；地上铺着软软的垫子，孩子在里面打滚睡觉都没问题。

这个读书角给小星星带来了极大的欢乐，他可以安安静静地在里面看他的《儿童画报》，也可以在里面跳舞，最后，这里又变成了小星星午睡的舒适小窝。看着孩子这么喜欢这个地方，并越来越喜欢阅读，爸爸妈妈都欣慰地笑了。

很多父母会为孩子买很多书，每天会为他们规定好阅读时间和阅读量，但孩子大多数时候都表现得心不甘情不愿。于是，父母就会抱怨自己的孩子不爱读书。其实，孩子不能安静下来读书的主要原因，是因为家里没有适合的阅读环境及良好的阅读氛围。孩子感受不到读书的乐趣，读起书来自然就心不在焉了。

既然为孩子开辟一个这样的阅读空间如此重要，那要如何设置孩子的阅读区域呢？这样的一个读书角，并不一定设立在大房子里，也不用专门开辟一个独立的书房，甚至不需要太大的空间，只要一块小小的地方即可。比如在小小的阳台上摆两个软软的圆凳，靠墙放一个原木书架，就是一个温馨的阅读小天地。

但一个好的读书角需要具备一定的视觉封闭性，并且书是这个空间的主题，如果摆放太多的玩具，就无法达到让孩子读书的目的。

东东妈妈希望自家孩子能够养成良好的阅读习惯，在了解到读书角的作用后，马上在自己家的阳台上设置了一个这样的环境。

东东家的阳台大约 5 平方米，妈妈在里面铺了可爱的小熊垫子，靠墙放着木质书架。怕孩子在里面待着无聊，妈妈就在地上和书架上放了许多玩具，寥寥无几的几本书摆在书架一角，显得可怜兮兮的。

东东确实很喜欢这个地方，他可以在里面自娱自乐玩半天也不觉得闷，有时还会隔着玻璃看看外面的蓝天白云，开心极了。一段时间下来，妈妈觉得没效果，就放弃了这个方法。

真的没效果吗？当然不是的。只是因为在设计阅读空间时，把它变成一个娱乐环境，才没能达到让孩子轻松读书的效果。所以在创造这样一个空间时，需要注意空间的相对隐秘性。因为孩子的注意力总是容易被外界影响，所以运用一些隔断之类是必要的，这样可以保证孩子在这个空间里不被打扰，更专注于阅读。

选好了合适的位置后，就需要考虑在读书角里放些什么了。一般情况下，除了孩子的书籍之外，还可以摆一些绿色植物和一些有助于读书的道具。绿色的植物会让孩子在阅读疲惫时进行一定的视觉转移，预防近视。至于有助于读书的道具，它的存在是为了让孩子更专注于阅读，例如做一顶"阅读帽子"，和孩子约定，当带着这个帽子坐在这个空间里的时候，就要意识到自己在阅读，并且在这个时候，大家都不要去打扰他。

除此之外，父母的潜移默化对孩子也起着重要作用。为了让孩子习惯在里面看书，父母可以先在读书角里面阅读，时间一长，孩子也会感兴趣。所以想让孩子多阅读，父母首先要让自己成为阅读者。

最后，父母需要注意一下，建立读书角的目的是培养孩子的阅读习惯和兴趣，这需要一个长期的过程。如果在几天或几个月发现没什么效果就放弃掉，就失去了开辟读书角的意义。并且设读书角只是建立了一个阅读基础，所以没有必要强迫孩子进来阅读。

7. 用孩子的眼光挑绘本

很多爸爸妈妈总是很头疼该如何为孩子挑选绘本，因为孩子还没有大到可以自己选绘本的年龄，而大人买的绘本又不喜欢，怎么办？

其实很多时候，家长之所以买不到孩子喜欢的绘本，是因为他们在衡量童书绘本的价值时，总是习惯性带着成年人的眼光去看，如："这书内容这么简单，不值。""这书就这么几个字，不值。""这书这么薄，不值。"

因此，大人在替孩子挑选绘本时，想要挑选到孩子喜欢的绘本，首先要摒弃大人惯有的阅读方式，用孩子的眼光来看待绘本。不要先看厚度，也不要先读内容文字，而要先"读图"。如果在赏心悦目之余，还能够从图中读出故事的端倪，那就表示这是一本值得考虑的绘本。

出差回来的爸爸为自己的儿子买了两个绘本，一本是《妈妈买绿豆》，另一本是《交通工具捉迷藏》。

《妈妈买绿豆》虽然主题明确，也没有繁杂的背景，但因为一页里安排了许多个情节，儿子拿起来没一会儿就扔在一边了。

而《交通工具捉迷藏》就不一样，这本绘本里的情节简单，字很大，还配有英文单词和各种交通工具发出的声音，正好是孩子的最爱。没过多久，孩子就已经把书名认全了，并且有一次和妈妈出门，他还能清楚地和妈妈说:"妈妈,我们去坐小滴滴吧,car。"当时,妈妈惊喜极了。

　　一般情况下,孩子在1岁左右的时候初次接触绘本,要以图为主。像一些超市、大卖场等地,会有许多水果、动物之类的塑料线装书。这类书边角圆滑、颜色鲜亮,还不容易撕坏,必要时还可以充当孩子的玩具。

　　还有一些卡通立体书籍也非常有趣,父母可以选一些孩子见过的小动物或植物,这样就能让孩子对绘本的内容产生兴趣。像《好饿的小蛇》这一绘本,讲的是一条很饿的小蛇,吃了一个苹果、一根香蕉、一个菠萝和一个饭团,最后把一棵苹果树吃了。如果这五个情节中的实物都是孩子认识的,那么对于他来说,这就是一本有意思的书了。

　　当孩子2岁时,父母就要尽量选择一些图大、文字少的绘本。如果是文字太多的绘本,不仅父母讲起来累,孩子也没什么耐心去看或者去听。拥有醒目图片的绘本则不同,孩子可以通过图片来明白其中的含义。

　　不仅如此,这一阶段的孩子需要看一些背景单纯并具有明确主题的绘本。如果绘本太过纷繁复杂,就会干扰孩子的注意力。而单纯的背景则可以让孩子容易接受并看懂。如《太阳公公笑哈哈》这一绘本,就是简单的黄色背景下,有一个笑着的大太阳,孩子一眼就能看明白。但如果把绘本的内容换一下,把蓝天白云都画上,还用文字解释太阳为什么笑得这么开心,那么孩子可能就会拒绝再看。

　　当孩子3岁后,就可以接触一些情节比较复杂的绘本了。例如《不一样的卡梅拉》系列绘本,无论是孩子自己看,还是亲子共读都是非常好的选择。

　　等孩子积累了一定的阅读量后,理解能力也会有很大的提升,这时就可以读一些类似《愿望树》《小猪变形记》之类的书。

4 岁的卡卡对《小猪变形记》情有独钟，生活中常常可以听到他在念叨绘本里的对话。

在《小猪变形记》中有这样一段对话：

踩着高跷的小猪遇到斑马："我是一只了不起的长颈鹿。"

斑马大笑着说："你不是长颈鹿，你是一只踩着高跷摇摇晃晃的小猪。"

然后，最近给卡卡买的一套玩具里面有一辆警车和一架直升机。卡卡在他的玩具里找到一根塑料杆，把它插到警车原来装警灯的位置上，把这当成是警车的螺旋桨。

当直升机遭遇了变形警车，就有了下面这段有趣的对话：

直升机："哦，这不是警车吗?"

警车："我不是警车，我是直升机。"

直升机："你不是直升机，你是头上顶着两个栏杆的警车。"

无论如何，在为孩子选择绘本时，用孩子的眼光来挑选，根据孩子的喜好来选书，才能投其所好。也只有这样，才会让孩子愿意看、喜欢看绘本，并从中有所收获。

8. 没事就带孩子去逛书店

如今，很多父母因为工作忙，再加上各电子商城会有各种优惠活动，并且省时省力、方便快捷，所以，家长们都会选择在网上给孩子购买图书，很少专门抽时间带孩子去逛书店。但是带孩子去实体书店更好些，让孩子可以在书店多翻翻书，才会得到更多精神层面的收获。

豆豆从小喜欢看书，所以爸爸妈妈一有机会就会给孩子买书。买的书多了，花费自然也不少。后来，妈妈开始网购图书，不仅方便还可以打折。但网购回来的很多图书,豆豆都不太愿意看,大多翻过几页就丢在一边。同样是花钱,网购虽然便宜些,但孩子不喜欢还是白搭。

后来,妈妈发现一个好办法,就是带豆豆去逛书店。书店的地址是在网上查到的,坐地铁只需要花费20分钟的时间就能到达。

带孩子去逛书店,可以让孩子从小受到知识的熏陶。在那里,豆豆可以尽情地看书,哪怕很多都看不懂,但还是会指着书说:"妈妈,这是大卡车。""妈妈,这是什么?""妈妈,这个球和我的一样。"看着豆豆兴奋的表情,妈妈也很开心。

并且,逛书店本身就是一项温馨的亲子活动。在这个过程中,妈妈还可以根据豆豆对不同种类书籍的吸引程度,有选择性地为孩子购买书籍,尊重孩子的阅读爱好,同时培养孩子选择的能力。

一个人的兴趣很大程度上都取决于幼年养成的习惯,阅读也是如此,这也正是带孩子逛书店的好处所在。

当孩子还小的时候,父母就可以考虑抱着孩子去逛书店,让孩子通过书店的环境感受读书的气氛。抱着孩子逛书店,同样可以给孩子上好阅读的"第一课"。

伴随着孩子慢慢长大,父母可以把孩子放进小推车里去逛书店,让他们可以真实地触摸和感受到图书。并且,书店中有各式各样的幼儿图书,有许多书都是孩子喜欢读的。

在这样的环境氛围下,不用父母教,孩子也会自己翻开书来读。这样才能有助于让孩子对书产生兴趣并养成阅读习惯。然后,父母可以根据孩子翻看这些书时的专注程度,帮助他们选择其中的精品。

当孩子上了幼儿园后,除了让孩子在书店看书,帮孩子选择图书之外,还可以试着让孩子自己购买喜欢的书,让孩子体验到买书带给他的乐趣,从而保持对书籍产生的兴趣。

"随便挑，看上哪本，老爸给你买。"周末带着孩子逛书店的爸爸对5岁的女儿说。

走进书店的孩子很兴奋，并且书店里看书的孩子很多，或坐或趴，都在翻着自己喜爱的书籍。看着这些人，孩子也会跟着他们学，可爱极了。

孩子在里面左挑右看，一副小大人的模样。她有时一手抓一本，苦恼地问："爸爸，这两本我可以都要吗?"有时会认真地翻看书籍内容，喜欢就踮着脚把书放到购物车里，不要就整齐地摆回书架上。如果书架太高，也不知回头让爸爸帮忙，竟然跳起来去拿，爸爸站在身后觉得哭笑不得。

看着刚到自己大腿高的孩子不停地穿梭在高大的书架间，爸爸觉得好笑，却又有种想要流泪的冲动。孩子还很小，但爸爸真实地感受到了她在慢慢长大。

带孩子逛书店重点在于逛，家长们可别小看它。这简单的一个字，包含了随意性，可以给人一种悠闲自在之感。并且，这与"强迫孩子去书店"和"把孩子独自推进书店"的意味完全不同，最后也会产生很大的差别。

逛不会带给孩子压力，反而可以激发孩子对于阅读的浓厚兴趣。尤其是对年龄较小的孩子而言，经常逛书店，会让孩子会逐渐熟悉书店的环境，并慢慢对书架上种类繁多、五彩斑斓的图书产生兴趣。

目前，国内各地都有许多亲子书店，父母可以选择适合自己的书店位置。有时间的时候，带着孩子去逛一下书店，让孩子从小就能体验到阅读之美、人文之美。

第六章　思维智能，让孩子脑洞大开

1. 保护好孩子神圣的好奇心

有很多家长不理解为什么孩子喜欢在地上打滚，不理解为什么孩子可以盯着蚂蚁看半天，也不理解为什么孩子总是要把家里的每一件玩具都拆开。父母会因为孩子种种调皮捣蛋的行为而焦头烂额，却忘记了他们还是个孩子。

在孩子眼中，世界是这样的："勇敢的孩子就是可以保护世界""大象可以背上所有的城堡梦想""蜗牛的壳里藏着缤纷的海洋""森林里的大灰熊喜欢扎上粉色的蝴蝶结"。他们对这个世界保持着最原始的好奇心。也正是因为这些好奇心，让孩子一步步成长为大人，让他们学会用独特的眼光认识这个世界。

4 岁的皓皓看着爸爸用勺子舀汤，突然说："爸爸，骨头汤好像大海哦。"爸爸听后觉得惊讶，就问他："为什么会像大海？大海很大啊。"结果，皓皓奇怪地看着爸爸，似乎不理解为什么爸爸没有看出来，然后说："因为它们都有波浪啊。"

看着孩子一脸理所当然的样子，爸爸突然就不想纠正他的观点了。本来也没错，不是吗。当汤勺放进汤里时，平静的汤面起了波浪，在孩子眼中，这个波浪和大海的波浪是一样的。于是，爸爸对皓皓点点头，说："没错，确实很像大海，爸爸都没有发现呢，皓皓真棒。"

有些家长在面对孩子强烈的好奇心和求知欲时，可能会选择匆匆敷衍了事，也有些家长会在遇到孩子接二连三地发问时，失去耐心，甚至会厌烦地呵斥孩子："烦不烦，不准再问了！"或者嘲笑孩子："这么简单的问题你都不懂，真笨。"却不知，孩子也许就是因为这么一句话，将导致以后羞于启齿，扼杀了他们的好奇心，也就埋葬了他们勇于质疑的精神。

孩子对周围的一切永远充满了无数好奇心，这些好奇心都是孩子思维发展的基础，更是创造性思维发展的原动力。

因此，父母要正确对待孩子因好奇心而导致的破坏行为，不要因怕弄坏东西而进行粗暴制止，而是应该引导孩子将物品的零件装配起来，恢复原样，同时需要告诉孩子什么东西可以拆，什么东西不可以拆，还有什么东西不可以乱摸乱尝试，让危险远离孩子。

孩子的"破坏"是一种敢于打破束缚的行为，是一种突破限制的能力，也是创造与发现的前提和基础，可以在"破坏"与"不拘束"中学会思考、探索和创造，让他的求知欲、好奇心与创新思维得到更多锻炼与培养。

父母要保护好孩子神圣的好奇心，呵护孩子这种勇于探索的精神。为此，你可能会失去一些财物，却可以收获一个聪明并富有创造力的孩子，一个可以为自己创造未来的孩子。

有位妈妈在厨房洗碗，听到自己的孩子在后院蹦蹦跳跳，发出很大的声音，就对孩子喊道："宝贝，你在干什么？"然后小孩回答她说："我要跳到月球上。"

对于孩子这样看起来荒唐离奇的想法，妈妈没有向他泼冷水，说什么"小孩子不要胡说""赶快进来洗干净"之类的话，而是用愉快的声音说："好，不要忘记回来哦。"

后来，这个孩子成为第一位登上月球的人，他就是阿姆斯特朗。

每个幼小的孩子都会对世界充满好奇，对于自己好奇的事物，他们还会好问、好探究。这是因为好奇是人的天性，求知是人的本能。拥有好奇心是孩子学习的动力和内驱力，也是孩子探索科学的奥秘及将来创造的种子。所以，父母需要给孩子创造一个新奇、有趣的成长空间。

在孩子的幼儿时期，可以在孩子的房间内或小床边放些色彩鲜艳的图片和一些能够发出悦耳声音的玩具，以此来促进孩子探索心理的发展。

等孩子到了 2 岁左右，听到汽车声，他会好奇地跑出来看看；看到冰块，他会好奇地走过去摸一摸；看到蚂蚁搬家，也会目不转睛地一看一小时。父母可以通过给孩子讲故事、做手工、做实验等方式来承载孩子的好奇之心。

当孩子到了能读书识字的年龄后，会遵循本身所具有的好奇和探索的本性，把玩具拆开，想知道为什么小汽车可以自动跑，为什么小闹钟会定时响。

孩子在好奇心的驱使下才会有这样的探究行为，如果强行禁止，就会泯灭孩子宝贵的探索精神和神圣的好奇心。这时，父母可以选择适合孩子特点的书籍来激发孩子的好奇心，鼓励孩子到书籍中去探索知识的无穷奥秘。

2. 提升孩子发现问题的能力

爱因斯坦在从事科学研究时得出的宝贵经验是："提出问题，往往比解决问题更重要。"那么，怎么才能让 2 岁至 6 岁的孩子具有发现问的能力呢？父母不妨在日常生活中减少为孩子导入自认为对的、好的东西，而是用引导的方式，给孩子一个主动思考的空间。

　　妈妈让5岁的孩子给自己讲一下《灰姑娘》的故事。讲完后，妈妈开始提问了。

　　妈妈："宝贝喜欢故事里面的哪一个？不喜欢哪一个？"

　　孩子："喜欢灰姑娘，还有王子，不喜欢她的后妈还有姐姐。"

　　妈妈："为什么？"

　　孩子："灰姑娘善良、漂亮。但后妈和姐姐却对她不好。"

　　妈妈："如果在午夜12点的时候，灰姑娘没有跳上她的南瓜马车，会出现什么情况？"

　　孩子："灰姑娘会变成脏脏的样子。"

　　妈妈："所以，宝贝要做一个守时的人，不然就会给自己带来麻烦了，对不对？另外，我们每个人平时都要打扮得漂漂亮亮的，如果突然邋里邋遢地出现在别人面前，就会把朋友吓到，对不对？"

　　孩子点点头。

　　妈妈："那宝贝有没有发现这个故事有什么不合理的地方？"

　　孩子想了好长时间，说："午夜12点以后所有的东西都要变回原样，可是，灰姑娘的水晶鞋没有变回去。"

　　妈妈："天哪，宝贝太棒了。你看，就是伟大的作家也有出错的时候，所以，出错不是什么可怕的事情。如果宝贝以后要当作家，一定会比这个作家更棒。"

　　所有的孩子应该都听过《白雪公主》《睡美人》《小红帽》等故事，但大多数父母在讲这些故事的时候是怎么讲的呢？很多的家长都是一股脑地把故事讲给孩子，在讲述的过程中也许绘声绘色、声情并茂，却忽视了最重要的一点：让孩子主动去思考。如此也就忽略了培养孩子发现问题的能力。

　　有一个很出名的实验：在一张白纸上画一个点。当把这张纸拿给成年人看的时候，很多人会说，这就是一个点。同样拿给2岁至6岁的孩子看时，他们的答案却丰富多彩、各不相同。其实这一张纸就如同孩子的世界，父母穷其一生所能给予孩子的，不过是这样一个点而已，剩余的大量空白则需要孩子自己去发现、去填充。

除此之外，父母还要善待孩子的诸多"为什么"。很多父母都发现，2 岁至 6 岁的孩子似乎总有提不完的问题，比如"为什么叫买东西而不叫买南北""为什么河流都是弯弯曲曲的""为什么星星都在天上"，等等。如果以成人的眼光来看，有些问题很傻，因为事情本来就这样，哪有那么多为什么。

就像当初的人们嘲笑牛顿问的"为什么苹果只往地上掉"，也不屑于瓦特惊异的"为什么热水蒸腾锅盖会向上"一样。事实上，世间从没有傻问题，如果孩子提不出问题才是大问题。所以，面对孩子的提问，父母需要表现出浓厚的兴趣，并要对其进行启发和引导，而不是默然处之。

所以，当孩子问你："天空为什么是蓝色的？""小鸟为什么会飞呢？""动物园里的猩猩晚上就会住在天上吗？"即便孩子天真的问题令你觉得非常好笑，也不要回答："小笨蛋，天空本来就是蓝色的。"可以试着反问一下孩子："是呀，真的是非常漂亮的蓝色天空，为什么是蓝色的呢？"

面对孩子提出的问题，父母先要接受孩子对于事物的惊讶情感，而不是觉得孩子的问题好笑就轻视孩子，这会让孩子丧失发问的意愿。如果自己无法给孩子一个满意的答案，父母可以选择非常认真地告诉孩子："我再去查一查。"这么一来，就可以有效地激励孩子并继续发问。

有个 5 岁的小女孩看了电影《人猿泰山》后，就问妈妈：

"妈妈，第一个人是出生在很早以前吗？"

"是的，是在很早以前。"

"那个人是从他自己的肚子里生出来的吗?"

"嗯,你真了不起,竟然注意到了这一点。但第一个人到底是怎么样来的呢?我们去书房查一下资料好不好?"

然后,妈妈带着女儿查阅了一些资料,并给女儿讲了一些《女娲补天》等有关人类起源的神话故事。

无论孩子提什么样的问题,无论孩子提的问题是否有价值,只要这个问题是孩子真实的想法,父母就应该先对孩子敢于提问题给予充分的肯定,然后再对问题本身采取有效的方法予以解决。

只有这样,孩子才能从提问题中获得更大的收获,才会对提问题获得安全感,进而才能越来越喜欢提问题,越来越会提问题。

一般情况下,对于 2 岁至 6 岁的孩子提出的问题,父母可以适当地用一些比较中性和接纳性的评价来引导孩子,比如:"噢,这是一种有道理的思路,还有其他思路吗?""这个想法不错,宝贝还能补充点什么?""很好的主意,但是我们怎么知道……"

这样可以引导孩子在正面的评价中产生学习兴趣,体验成功的快乐,把孩子从小就培养成善于发现问题和提出问题的人。

3. 当孩子遇到问题时,不要急于给他答案

"妈妈,为什么白天没有星星?""因为白天有太阳。""为什么天上会下雨?""因为气流上升。""为什么小鸟会飞?"……生活中,当孩子遇到自己想不通的问题时,就会向父母求助,而父母往往也急于把问题的答案告诉孩子。事实上,这样急于告诉孩子问题的答案,对孩子的成长并没有好处。

一个 5 岁的孩子正在看电视,当他看到电视里出现游泳池的时候,就问妈妈:

"妈妈,如果电视坏了,家里会不会淹水呢?"

"即便电视坏掉,水和人都不会从电视中跑出来。"

"那为什么人会在电视中游泳呢?他们不是在电视里面吗?"

"那些人在游泳池游泳时,由摄影机摄影之后,在传送到我们的电视里。在电视中有所谓的转播机器。"

"什么是转播机器?"

"就是用电线连接的机器。"

然后,孩子对于电视的问题就更好奇了,各种问题层出不穷,有时还会跑到电视的后面去看一看,甚至伸出手来拨弄电视后面的机器或电线。

2岁至6岁的孩子总会没完没了地问一些奇怪的问题,有些问题父母能给出答案,而有些问题是父母也给不出答案的。当父母也不清楚问题的答案时,就需要引导孩子自己找出答案,而不是根据自己的想法,模糊地给出一些似是而非的答案。

像"蚯蚓的家在哪里""蚂蚁吃什么""鱼为什么生活在水里"之类的问题,父母完全可以鼓励孩子自己找答案,比如找个时间陪孩子观察就能够发现:蚯蚓的家在土里,蚂蚁喜欢一些甜的食物,鱼有鳃,等等。

这些问题的答案看似简单、容易,却要经过孩子耐心的观察才能发现,这样的过程可以培养孩子好的观察能力,对孩子日后的学习和成长会产生极大的帮助。

还有,对这个年龄段的孩子提出的问题,父母也可以引导他们自己找到答案。比如孩子问:"妈妈,星星什么时候回家呢?"如果妈妈直接回答"天亮的时候星星就回家了",孩子就不再去想星星什么时候回家这个问题,而是又去想其他问题了,也就失去了一次观察星星的机会。但如果妈妈说:"那你去问问小星星他们什么时候回家?"孩子就会自己想办法找到答案。

6岁的薇薇有一天问爸爸："泰国在哪里？"爸爸并没有直接告诉她："泰国在中国以南。"而是牵着她走到世界地图面前，问她："之前爸爸告诉过薇薇中国的位置，薇薇还记得吗？""记得，在这里。"薇薇用自己的小手指着地图上的中国。

然后爸爸接着说："泰国和中国都属于亚洲，它离中国很近，薇薇可以找到它吗？"然后，薇薇就趴在那里，磕磕碰碰地找到后，薇薇兴奋地告诉爸爸："我找到了，在中国的下面。"

"薇薇真棒。那，薇薇看，在地图上，上面代表北方，下面代表南方。那泰国在中国的哪个方向呢？""南方。"薇薇肯定地回答道。

很多高明的家长在面对孩子的问题时，会选择让孩子自己寻找答案的方法，启发孩子运用自己的途径去寻找答案。当孩子自己得出答案时，他会充满成就感，而且会产生新的学习动力。

儿童期是孩子创造性思维迅速发展的时期，这一阶段，父母需要培养孩子多思考和解决实际问题的能力。所以，当孩子遇到问题时，父母可以尝试这样做：

对于3岁以下的孩子，父母可以通过读卡片、图画等方式，让孩子得到问题的答案。

对于3岁至4岁的孩子，父母可以选择和孩子一起收集开动脑筋的故事、游戏。一般动脑筋的故事和资料很多，像真人真事、寓言故事、科普性读物等。家长还可以和孩子共同收集、整理，等到有空闲时间翻阅这些资料，讨论感兴趣的问题。包括魔方等都是很不错的智力开发工具。

当孩子5岁至6岁时，父母可以尝试和孩子一起讨论问题，家长的积极主动对孩子影响很大。特别是家长弄不懂的问题，通过请教他人、查阅资料、反复思考获得圆满答案，这个过程最能提高孩子的思维能力。

如果孩子拥有了独立思考的能力，就会善于发现问题，并能够通过思考、分析找到答案，这样的孩子在长大后，会因为拥有独立思考的习惯和品质，而比别人拥有更宽广的视角，思维也会更加缜密。

4. 对孩子多问几个"为什么"

对于 2 岁至 6 岁的孩子来说，他们很多时候的语言表达往往是凭借直觉，如果父母只根据自己听到的进行理解，而不去引导他对问题进行深入的思考的话，孩子就会忽略思考的过程，对问题不假思索地回答就会形成习惯。所以，家长对孩子的话要多问几个"为什么"，对他的表达要多作分析，这样才能使孩子的用词更加准确、鲜明、生动。

有段时间，小飞把自己所看到的所有好看东西都笼统地用一个"酷"字来表达。妈妈就问他："为什么要用'酷'，'酷'是什么意思，'酷'和'漂亮''好看'有什么不同，在什么情况下用'酷'最好呢？"

这样几次下来，小飞在说话的时候就有意识地注意自己的用词。有一次，他告诉妈妈："这件衣服很漂亮，但是还不够酷。"

看，只要多问几个"为什么"，孩子就会慢慢进步。渐渐地，他的思维也会往精细、准确的方向发展。

当孩子在 3 岁的时候，口中就会出现大量的"为什么"，这就意味着孩子对世界开始了更为深远的探索。所以，父母可以通过孩子对"为什么"的理解和使用，来明白孩子的内在想法。同样地，父母也可以用"为什么"来提问，找到和孩子更加和谐相处的"蛛丝马迹"，以及对孩子进行有效的引导和帮助。

　　有个 4 岁的小男孩，忽然有一天早上对妈妈说："妈妈你快走，你不要待在这个家里。"然后，妈妈就发现，每天早晨孩子都会和自己说这句话。妈妈以为孩子在赶自己出门，难过极了。

　　但心理专家建议妈妈主动问孩子："为什么要和妈妈说这句话？"妈妈问过后才知道：在孩子心里，如果妈妈不在家，自己就可以安心上幼儿园了。如果妈妈在家，自己却还要去上幼儿园的话，那就亏了。

　　幸亏做了这样一个确认，否则就会误会这个孩子是讨厌妈妈的。所以，面对孩子的一些行为，父母需要学会问"为什么"。这样能够解决亲子之间的很多矛盾，让彼此之间的关系更加亲近，并且凡事多问几个"为什么"，既而耐心听孩子解答，通过和孩子一起探讨，很多问题就迎刃而解了。

　　妈妈每次和 6 岁的城城散步的时候，都会让城城观察周围事物的变化。如果有新的变化，妈妈就会问他："城城知道为什么会这样吗？请城城动动自己的小脑子，告诉妈妈，想想它们为什么会这样？"这时，孩子会就努力思考问题，然后再和他一起讨论，肯定孩子正确的想法，纠正他错误的想法。时间一长，城城遇到问题就习惯思考、善于思考了。

　　一次，妈妈和城城看到了一起交通事故。

　　妈妈问："城城知道为什么摩托车会和电瓶车相撞吗？"

　　城城很快回答说："肯定是他们不小心。"

　　妈妈："说说看，为什么会不小心呢？"

　　城城："可能是有人喝酒了。"

　　妈妈："没错，喝酒开车是非常危险的，以后一定要让爸爸少喝点酒。那还会是什么原因呢？"

　　城城想了想说："可能开得太快。"

妈妈:"对,开车太快是非常危险的。所以呀,城城过马路时更要当心,要四处看看。如果有车来,就多等一会儿,要是发生意外,爸爸妈妈会很难过的。"

城城马上点头,表示同意。

就这样,妈妈通过问"为什么",在锻炼了孩子思维的同时,还让他了解到一些相关的交通知识。

因此,父母在与孩子交流的时候,要尝试多问一些"为什么",而不是"是不是"这类封闭性的语言。一般情况下,封闭性的提问会在一定程度上造成孩子思维的惰性,问孩子"为什么",则有助于帮助孩子通过思考解决问题。

尤其是幼儿园时期,当父母接孩子回家时,是孩子思维最兴奋、最活跃的阶段,也是开发孩子智力的黄金时间,有效地利用这段时间,可以开发孩子的思维,给孩子的表达创造良好的机会。如:"你今天最快乐的事是什么,为什么觉得它是最快乐的?""今天你和小朋友一起做了什么游戏,为什么觉得好玩?""你最好的好朋友是谁,他有什么优点?"

像这样提问,就可以大大增加孩子的讲述欲望。孩子说的内容多,不仅有助于父母了解孩子的生活、学习情况,还能激发孩子的语言表达能力。孩子在表达的过程中,有时还会附带上自己的见解,这会让他的思维更加活跃。

5. 如何培养孩子的观察力和空间思维能力

一位妈妈为了培养自己刚刚1岁半孩子的观察力和空间思维能力,和孩子玩了这样的一个游戏:猜糖果。

妈妈准备了一颗孩子喜欢的糖果,两只小碗,还有一个写着"糖"

字的卡片。准备好之后，妈妈就坐到孩子对面，把孩子喜欢的糖果放在孩子面前，让孩子看到它。再当着孩子的面把两只碗扣下来（其中一只碗里扣着糖果），慢慢地移动两只碗。

然后，妈妈就对孩子说："宝贝猜一猜糖果在哪一只碗里？猜对的话，宝贝就可以得到这颗糖。"

游戏结束后，妈妈再把卡片拿出来，手指反复地指着糖果和卡片上的字并读出来，让孩子意识到两者之间存在联系。

通过这样的游戏，可以帮助孩子观察物体并引导孩子的空间思维。据说，当孩子的观察能力越强时，孩子的空间思维能力才会更好。

对孩子而言，观察是让他认识世界的主要途径。而所谓让孩子观察，就是要让他能看到实体和全部。一般情况下，大自然可以让孩子的观察力在丰富的环境中发展起来。

父母可以经常带着孩子到自然环境中去看、听、嗅、触摸、品尝各种感觉信息。在这个感觉的过程中，父母就可以通过许多问答的方式，来鼓励孩子发表自己的看法；或者通过和孩子比赛的方式来提高孩子观察的敏锐程度，如看谁能发现更多的细节、谁快速地找到某个目标，等等。

若是想要培养孩子观察的兴趣，父母就可以试着让孩子体验一下实物或实体的生存环境。比如带着孩子去花市，让孩子挑选一盆喜欢的花买回来，然后让孩子亲自照顾它，以此来观察花的成长过程。在这个过程中，还可以让孩子学会用笔记录观察到的现象，这也是非常有意义的。也可以用石头、树枝、泥巴等让发挥孩子自己的想象能力和造型能力，制作一些自己想做的东西，逐渐使孩子的观察力得到锻炼。

通过有效地观察，自然而然就能够让孩子了解到物体的颜色和形状，进而就可以对孩子的空间思维能力进行有意识的培养。

一般情况下，在孩子 3 个月以前的时候，父母可以给他看一些黑白轮廓的卡片，因为孩子在 3 个月之前只能看到黑色。而这样的卡片可以开发婴儿的右脑潜能，以及促进其视觉发育，并对他的观察力和空间思维能力都会起到非常重要的作用。

1 岁左右的孩子开始模仿各种发音，像"爸爸""妈妈"等称呼都是在这个时候叫出来的。在这个阶段，父母可以鼓励孩子发出各种动物的叫声，像小鸭"嘎嘎"叫，小狗"汪汪"叫，小猫"喵喵"叫，等等。

小果果刚刚 1 岁，很喜欢模仿各种声音，一开始只能发出一声，像嘎、汪、喵。在爸爸妈妈的鼓励下，小果果渐渐可以连续叫两三声。然后，妈妈会指着动物图片，指着小鸭叫"嘎"，指着小狗叫"汪"，指着小猫叫"喵"，让小果果跟着她学。

当小果果能够做到后，妈妈会伸出两根手指，然后再指着图片，引导孩子根据她的指令叫两声。接着再让孩子看着自己的三根手指让孩子叫三声。经过反复练习后，孩子就可以根据妈妈的手指数目，看着图片，发出正确的叫声。

这样的训练方法，在帮助孩子观察的同时，还可以简单地理解数字"1、2、3"的含义。因为在引导孩子的过程中，还需要孩子把数字和图片上的动物联系起来，这样的练习可以在孩子的脑海中形成一定的思维能力，让孩子根据指令发出正确的叫声。

当孩子 2 岁至 4 岁时，可以让孩子进行搭积木、拼图等游戏活动，这类游戏除了让孩子清晰地感受上下、左右、前后、里外等空间方位词之外，还可以培养孩子的空间建构能力。一般像搭积木具有一定的随意性，孩子可以在这项游戏中获得随意的、创造的、立体的空间构建能力；拼图则可以让孩子形成有目的且平面的空间构建。

对于5岁至6岁的孩子来说，父母可以通过让孩子认识立体图形，来培养他的观察力和空间思维能力。比如给孩子准备一张平均排列着许多"点"的纸，然后再给孩子提供一个正方体之类的立体图形，让孩子通过连线的方式将图形画到纸上。或者可以运用手工折纸的方式，让孩子先观察画有辅助线的纸会折成什么形状，然后再动手尝试。这对提高孩子的空间思维能力很有帮助。

6. 如何用数学提高孩子的思维能力

对于6岁以前的孩子来说，数学的学习并不是为了能拥有多少数学知识，而是为了在学习数学的过程中，提高和发展孩子的思维能力，让孩子可以用数学的方法去思考、分析与解决实际问题。

对于女儿萌萌的数学启蒙，妈妈大多是通过玩玩学学的状态进行的，去超市、逛书店、在小区里，随时都会发生。比如："今天我们买了几盒牛奶？""这里有几本书？""这里有2棵树，那里有1棵树，一共是几棵树？"

虽然没有特别的时间、地点和内容的限制，但妈妈觉得萌萌在这方面的能力还是很好的。等到女儿5岁的时候，妈妈就开始有意识地注意萌萌在这方面的学习。

萌萌很喜欢妈妈给她讲故事，于是，妈妈就通过这个时间把一些数学知识引到故事中，做到润物细无声。

比如，妈妈说："树上飞来两只鸟，用枪打下来一只，树上还有几只鸟？"当孩子回答还有一只鸟时，妈妈就会再问："枪一响，小鸟害怕吗？"孩子回答"怕。"然后接着问："那现在树上还有几只鸟？"

通过这样讲故事的形式，既可以让孩子掌握数学知识，又可以运用连续发问的方法来启发孩子的思维活动，可谓一举多得。

　　用数学提高孩子思维能力的方法其实有很多种。像讲完故事、参观结束后,马上问一下孩子:"故事中有几种动物呢?""宝贝还记得在动物园看过几种动物吗,分别是什么?"在马路上走、在家里做家务时,也随时可以提问题,叫孩子动脑筋去想、去琢磨。这样,久而久之,就会使孩子的思维能力大大提高。

　　一般情况下,父母可以利用这些数学方法来提高孩子的思维能力。

　　对于3岁以前的孩子来说,这个阶段的思维都是依靠感知和动作来完成了。所以,父母可以通过让孩子看、听、玩的过程让孩子进行思维训练。比如当孩子可以数数的时候,可以让孩子一边用手触摸物品,一边念念有词地数数。这些物品可以是大一点的珠子、碗、书等,因为可以触摸到,所以可以引起孩子对数数的兴趣,进而提升思维能力;也可以通过数字分类的方法来进行思维方面的训练。

　　可可2岁多,她的妈妈就是用分类的方法来锻炼她的思维能力的。

　　妈妈找出一副扑克牌,然后让可可在里面找到相同的花色。面对混乱的扑克,需要孩子拥有相当的耐心才能完成。而在这些不同的扑克中寻找相同的部分,对可可而言还是很困难的,但这也是非常有效的思维能力培养锻炼。

　　这就是对孩子聚合抽象的简单训练,像这种把感知到的数字对象依据一定的标准聚合在一起,来显示出它们的共性和本质,可以增强孩子的创造性思维活动。

　　当孩子3岁至4岁时,孩子的思维就会从动作过渡到形象。对于这个阶段的孩子,父母就可以把一些孩子已经知道的、见过的、听过的知识运用到数学中,让孩子通过思考来提高思维能力。

　　比如在认识数字1的时候,让孩子说出带有数量词1的句子,比如"1本书在桌子上""我要1块饼干""这是1个苹果"等,然后逐渐提高难度。同时，在这个阶段的孩子也可以七巧板之类的图形游戏来进行相关的训练。这样的方法不仅可以培养孩子的综合能力，也是组成孩子逻辑思维能力的重要部分。

在孩子4岁至6岁时，他的思维已经能够从形象思维向抽象逻辑思维逐步完成过渡。对事物的理解从具体形象过渡到主要依靠语言。比如当你问他："树上5个苹果，树下4个苹果，一共几个苹果？"在他的脑海里会形成具体的形象，并通过自己的方式告诉你答案。

对于这一阶段的孩子，父母就需要注意让孩子学会独立思考，可以给予一些引导，但不要直接给出答案。

除此之外，还可以通过与孩子息息相关的一些事情来让孩子认识数字，并从中获得思维能力。比如日常生活中，像设定闹钟的时间、准备餐桌上的碗筷等，都是可以让孩子得到和数学打交道的机会，并从中有所收获。

又或者，孩子在很早的时候就会因为知道自己的年龄而自豪，父母就可以通过孩子的年龄让他们认识到数学。同时，他们会想要知道自己的身高和体重，父母可以在给孩子称过体重之后，让孩子把现在和之前的体重进行一下比较；或者让孩子知道自己穿多大号码的衣服，判断哪件合身哪件不合身。这些都是对孩子思维能力的早期训练。

7. 锻炼孩子发散性思维的游戏

心理学家罗杰斯认为："心理的安全和自由是促进发散性思维的两个重要条件。幼儿在宽松和谐的心理环境中无压抑感，能无拘无束、天马行空，大胆进行思维，容易形成创新意识。"有这样一个实验：面对画在纸上的同样一个圆圈，大人只是单一地觉得"这是一个圆"，而幼儿园的小朋友可以给出各种各样的答案："皮球""太阳""月亮""镜子""张大的嘴巴"等。

一名幼儿园老师问了孩子们一个传统的脑筋急转弯题目:"树上有10只鸟,开枪打死1只,还剩几只?"思维固定的孩子会老老实实地回答:"9只。"思维比较发散的孩子会回答:"1只也不剩。"但这个老师遭遇了一个具有强烈发散性思维的孩子。

孩子:"是无声手枪吗?"

老师:"不是。"

孩子:"枪声有多大?"

老师:"80分贝至100分贝。"

孩子:"那就是会震得耳朵疼?"

老师:"是。"

孩子:"在这个城市里打鸟犯不犯法?"

老师:"不犯法。"

孩子:"您确定那只鸟真的被打死啦?"

老师:"确定。宝贝,你只要告诉我还剩几只就行了,OK?"

孩子:"OK,树上的鸟里有没有聋子?"

老师:"没有。"

孩子:"有没有关在笼子里的?"

老师:"没有。"

孩子:"边上还有没有其他的树?树上还有没有其他的鸟?"

老师:"没有。"

孩子:"有没有残疾的鸟或饿得飞不动的鸟?"

老师:"没有。"

孩子:"算不算怀孕肚子里的小鸟?"

老师:"不算。"

孩子:"打鸟的人眼睛有没有花,保证是10只?"

老师:"没有花,就10只。"

孩子:"有没有傻得不怕死的?"

老师："都怕死。"

孩子："会不会一枪打死2只？"

老师："不会。"

孩子："所有的鸟都可以自由活动吗？有没有鸟巢？里边有没有不会飞的小鸟？"

老师："没有鸟巢。所有的鸟都可以自由活动。"

孩子："如果您的回答没有骗人的话，那么打死的鸟要是挂在树上没掉下来，那么就剩1只；如果掉下来，就1只不剩。"

相信所有人都会被这个孩子强大的思维能力征服。一个拥有强烈发散性思维能力的人在其一生的任何阶段都会起着相当重要的作用。而在孩子发展思维能力的早期，如果爸爸妈妈能够注意培养孩子的发散性思维能力，将对孩子的未来发展起着奠基性的重要作用。

对于6岁以前的孩子来说，想要培养他的发散性的思维能力，父母可以通过适合孩子年龄段的游戏来进行训练。

一般情况下，孩子的发散性思维方式从刚出生的时候就开始了。比如当孩子躺在床上的时候，妈妈轻轻地吹孩子的眼睛、耳朵、小手等地方的时候，孩子也会开心地笑。当妈妈可以拿着一个小皮球告诉他："这是皮球，现在妈妈要和你玩皮球啦。""看皮球掉下来啦。掉在右边啦，掉在左边啦。哇，掉在宝宝的小手上啦。"这时，孩子就会表现得很开心，一个劲地咯咯笑。

孩子在1岁左右，开始学习语言表达时，可以说出简单的字词。比如孩子说"门"，那就用行动教他开门、关门、出门、进门等，对此，孩子会表现出自己很快乐。而孩子就是在这样简单的快乐中初步形成了发散性的思维方式。

对于2岁左右的孩子，可以通过让他观察来培养其发散性思维能力。比如和孩子一起切苹果（要注意安全，不要伤到孩子）。平时，人们习惯竖着切苹果，这次就横着切。

切苹果之前，可以问问孩子："猜猜我们会看到什么？"激发孩子的好奇心，然后帮助孩子切开苹果，让孩子观察不同切法产生的不同形状，达到扩散孩子思维的目的。

当孩子 3 岁时，父母可以先教孩子认识一些简单的形状，如方形、圆形、三角形等。然后根据这些图形让孩子进行联想，比如问孩子："和圆形有关的物品有哪些？"

也可以随意让孩子涂鸦，然后根据孩子画出的基本形状进行加工，让孩子的画成为小鸡、兔子、房子等比较明显的图案。这样不仅可以让孩子拥有成就感，还是锻炼孩子发散性思维的有效方法。

孩子 4 岁了，父母在和孩子的交流中，可以多对他进行提问。妈妈做家务时，可以拿起身边的所有东西让孩子联想，比如拿起拖把问孩子："宝贝想一想，哪些东西和拖把有关呢？"然后无论孩子的答案是什么，都要再问孩子为什么会觉得它们之间有关联，再接着追问："宝贝还知道什么东西和它有关？"让孩子经过想象和联想来提高思维的发散能力。

5 岁的孩子会更喜欢思考，他们会想着给太阳画上笑脸更好看，让大树跑起来更有意思，如果能够住在苹果小屋里一定很开心，等等。这时父母就可以利用橡皮泥等工具，让孩子自由发挥，动手制作各种他认为有意思的小东西。在这个过程中，孩子会通过思考来进行更积极的创造，进而培养他的发散性思维。

孩子 6 岁时，父母可以设计一些具有多种解决方法的生活趣味题让孩子思考，比如让孩子在一定时间内想出 10 种不同的答案，像"筷子的用途有哪些""水有哪些的作用""宝贝要是迷路怎么办"等。启发孩子对同样的问题给出多种回答，以此来锻炼孩子的发散性思维。

8. 逆向思维，让孩子更聪明

很多父母对孩子进行思维训练时，一般都是按照单向思维模式进行的，例如告诉孩子花园里有玫瑰、月季、百合等植物。这样的思维训练模式可以让孩子形成一定的思维定式，让孩子今后的思维具有准确性、批判性、广阔性和敏捷性。

但在生活中，人们经常会遇到一些不按常理出牌的人，这时就需要依靠逆向思维来解决问题了。所谓的逆向思维，指的是换个角度来看待问题。

5岁的孩子不愿意完成幼儿园老师布置的家庭作业，一直闹个不停，妈妈实在没办法，就让爸爸解决。爸爸灵机一动，对孩子说："儿子，今天爸爸来做作业，你来检查怎么样？"

孩子高兴地点头答应，然后仔仔细细地检查了一遍爸爸完成的作业，表示："爸爸真笨，都做错了。"然后还一本正经地给爸爸讲解了一遍。

用逆向的思维方式，爸爸让孩子顺利完成了作业，还和孩子进行了友爱的亲子互动，这样很好不是吗？换个角度思考问题，照样可以达到想要的目的。同样地，让孩子学会逆向的思维方式，就可以让孩子学会遇事换个角度看问题，让孩子更聪明。

那么，父母该如何训练孩子的逆向思维，让孩子的聪明翻倍呢？

一般情况下，3岁至4岁的孩子还属于直觉行动思维的起步阶段，在这一阶段中，因为孩子的思维还没有一定的深度和广度，所以基本不需要对他进行深层次的逆向思维训练。父母的重心应该放在如何让孩子的动作协调起来，好为今后的思维发展打下基础。这一阶段，父母可以通过给孩子创造一个轻松、有趣的游戏环境，让孩子对思考产生兴趣，并锻炼孩子的自我动手能力。

在孩子4岁至5岁期间，是孩子思维活动发展的关键时期，也是孩子逆向思维发展的关键时期。因为，这时孩子的思维已经进入一个具体形象的阶段,可以凭借事物的形象来进行联想思维。所以,父母可以引导孩子用分析、比较等思维形式来概括事物的基本特征,并对事物做出一定的判断。比如父母可以和孩子玩找图形的游戏,和孩子轮流把蓝色的方形、黄色的三角形等图形放在二维排列板的空格上,以此来锻炼孩子的逆向思维和立体思维。

5 岁至 6 岁是孩子逆向思维的发展阶段,在这一阶段中,孩子不但可以准确地理解事物的现象,还会想要了解事物的原因、结果、本质、相互关系等,让孩子的理解能力快速地发展起来。父母在训练这一阶段孩子的逆向思维时,重点是要帮助孩子学会从相反的视角去看固有的观点和看法,然后通过各种创造活动发展他的逆向思维。

萱萱 5 岁了,妈妈在培养萱萱的逆向思维能力时,选择了两个萱萱很感兴趣的游戏。

第一个游戏:妈妈把房间里的闹钟拿过来,然后准备了一面镜子,她站在萱萱身后,随意设定一个时间,让萱萱看着镜子里的闹钟影像,说出正确的时间。萱萱很喜欢这个游戏,面对镜子里面与实景相反的影像,她觉得有趣极了。

第二个游戏:妈妈找出一副扑克牌里面 1 至 9 的两种花色,一共 18 张。让萱萱把牌的顺序打乱,自己抽出一张藏起来,把剩下的牌面翻开,让她猜自己藏起来的是哪一张。在这个游戏中,萱萱也获得了许多快乐,哪怕有时候妈妈不能陪她一起玩,她自己也能玩得很开心。

这两个游戏都可以有效地锻炼孩子的逆向思维能力。比如说出正确的时间,不仅可以让孩子认识时钟所表示的时间,还可以发展孩子的逆向思维和判断力。猜扑克牌则可以让孩子在认识数字的同时,发展孩子的逆向思维及思维的流畅性和敏捷性。

父母如果想要在日常生活中对孩子的逆向思维进行培养,除了需要了解孩子各个年龄的认知发展水平之外，还需要根据孩子不同年龄的不同认知进行由易到难、循序渐进的方式，来引导孩子的逆向思维。

让孩子了解上变下、前变后、左变右等空间顺序，可以发展孩子的逆向思维。比如，逛街的时候可以说孩子在妈妈的左边，也可以说妈妈在孩子的右边；让孩子发现马路上的自行车比汽车慢，汽车比自行车快等。

通过看得见的东西，鼓励孩子从另一个侧面去思考，训练孩子的逆向思维。比如，猜猜这是谁的影子；怎样让一张纸立起来，等等。

让孩子观察事物的特点，帮助孩子学会分类，培养孩子的逆向思维。比如，碗、筷子、勺子等属于厨房用品，是可以一直使用的；纸巾、棉签等是生活用品，并且用过就不能用了，等等。

第七章　运动智能，健康才能天天向上

1.6 岁以前的空间运动智能发展特征

"在孩子还不到 1 岁的时候就进行后空翻训练，简直太危险、太可怕了。"一位妈妈对培养孩子运动智能的早教导师说。但指导老师表示，对孩子而言，这样的运动不仅可以使孩子得到训练，还能让孩子在运动的过程中体验到快乐。

晗晗刚到 1 岁，为了锻炼孩子的运动智能，妈妈就准备让孩子接受后空翻训练。事后，妈妈说："一开始真的很担心，感觉心都要跳出来了。但孩子好像很开心，全程都在笑。"

指导老师告诉晗晗的妈妈："其实这个练习对孩子的大脑发育和感觉统合非常好，只要掌握好技巧，就会很容易也不会有危险。"一段时间后，晗晗的妈妈就发现：刚刚会走路的晗晗竟然可以走得很稳，也不会经常摔跤，身体的动作协调性也非常好。

其实，随着孩子的日渐长大，父母就可以发现：孩子越来越好动，行动能力也越来越强。比如他们会喜欢动手抓着他们能抓到所有东西，像勺子、拨浪鼓等。对此，父母可能会比较担心卫生和安全问题。事实上，这是孩子正在发展运动智能的时候，父母应该给予正确的引导，而不是强行制止。

尤其对 6 岁以前的孩子来说，运动智能的发展尤为重要，它会直接带动孩子的语言智能、数学逻辑智能、空间智能、人际智能等其他方面的发展。一般运动智能发育较好的孩子，身体会非常好，性格也会显得活泼开朗，喜欢和人交往，语言表达能力强。而不喜欢运动的孩子却不然，他们的身体可能过于肥胖或纤瘦，性格也比较孤僻，喜欢独处。

由此可见，运动智能对孩子今后的发展将会起到关键性的作用。那么，6 岁以前的孩子在运动智能方面具有哪些特征呢?

在孩子 1 岁以前的时候，是大运动发展的关键时期，翻身、坐、爬、站、走等关键运动都在这个时期完成。

一般孩子会在出生一周后伸展四肢，出现一些特定的肢体反射运动，小手会开始具有抓握的能力。比如当妈妈把手指放在孩子的手里时，孩子会有自发的握拳和张开的动作。

孩子 2 个月时会经常攥着拳头，能够俯卧支撑 30 秒。这个时候，妈妈可以在孩子俯卧的时候用玩具在他面前逗逗他，看孩子是不是会抬头。

孩子 3 个月，俯卧时可以抬头与床面呈 90°，在俯卧时可以用前臂撑起自己，还可以从仰卧转为侧卧，并且两只小手可以相握时长 30 秒。

孩子 4 个月，扶着孩子的髋部，可以让他坐起来，并可以尝试让孩子翻身。这一时期，孩子仰躺时可以伸长脖子看手够脚;俯卧时可以两只手支撑起全身，并且在俯卧时可以从一边滚向另一边。

孩子 5 个月，当妈妈用双手扶着孩子腋下时，孩子能够站立 2 秒以上，并且抓握能力变强，像小床上方悬挂的玩具就可以抓住了。

孩子 6 个月，可以在俯卧时用肘部支撑着将胸部抬起来;喜欢在仰卧时把腿伸直举高。还可以较为平衡地靠坐着，可以肚子贴在床上爬，能够用一只手拿住东西。

孩子 7 个月就可以不需要任何支撑坐起来，也可以进行灵敏地翻身动作，并且肢体动作已经相当活跃了。这时，妈妈可以试着用双手扶着孩子腋下，看孩子是否会有上下跳跃的动作迹象。

孩子 8 个月就可以自己扶着水杯喝水，也会自己吃东西。这一时期，孩子不仅能够翻身、爬行，还能够慢慢站立。这时候，妈妈可以观察孩子是否会自己去捏玩具，是否会拿着两个东西，然后碰在一起。

孩子 9 个月就可以自己坐得特别稳当，坐起来的时候会自己转身，也会自己站起来再坐下。这时候，妈妈就可以扶着孩子的双手让他开始学习走路。

孩子 10 个月时，不仅能够独自站起来，还可以运用辅助工具独自走两三步。这时，孩子的手指灵活性会进一步增强，也学会了两只手的分工。妈妈可以观察孩子能否把玩具扔掉后再捡起来，能否用拇指和食指捏起东西。

孩子 11 个月时，一般就可以让大人用一只手牵着走路，并且可以独立完成像把书打开、合上之类的简单动作。

孩子 1 岁时，在不用父母帮扶的情况下，也可以自己走上几步，像弯腰、招手、蹲下再站起来这些动作都可以完成。并且这一时期孩子的小手已经越来越灵活，可以独自玩搭积木之类的游戏。

2 岁的孩子可以自己上下楼，也可以拿着笔像书写一样进行涂抹，并且会喜欢像抓球、滚球之类的运动。这时，妈妈就可以尝试着让孩子进行一些比较精细的运动，比如解纽扣之类。

在孩子 3 岁之前，父母可以带着孩子进行拍皮球、放风筝、骑自行车等亲子游戏，一天的活动量在 1 至 2 小时之间。也可以对孩子进行一些专业的早教课程。

3 岁孩子可以进行单足跳跃，能够自己扶楼梯一步一阶，可以跳过 10 至 15 厘米高的障碍物，钻过高度是自己身高一半的洞穴，能够完成举手过肩的投球动作，并接住 1 至 2 米外投来的球。可以在 10 至 15 厘米平衡木上做出简单的动作，也可以登上3层的攀登架。

4岁的孩子完全可以快速地跑步，也可以骑他的小三轮车，还可以独立完成穿衣服、鞋子等事情。

5岁至6岁的孩子可以从不太高的台阶上跳下来并稳稳地站着。这个阶段的孩子可以进行游泳、跳绳、跆拳道、武术、舞蹈等运动，运动量可以达到至少每天3小时。

这时候，父母可以带孩子去远足、爬山等，来锻炼孩子的体能和毅力。当然，如果孩子不喜欢的话，也没必要强迫他，否则可能会引起孩子的逆反心理。父母可以在陪伴孩子的过程中，多和孩子尝试一些不同的运动项目，找到他们最喜欢的运动，让孩子在玩乐中进行运动智能的锻炼。

2. 婴儿抬头训练

"现在孩子已经2个月了，但是我和孩子的爸爸一直不敢让他翻过身练习抬头，孩子翻过身就可以直接学会抬起头吗？还需要做什么辅助动作吗？"一位妈妈对婴儿的抬头训练表示非常担心，就在网上进行求助。

然后，有经验的妈妈告诉她："现在的孩子营养全面，2个月的孩子已经可以抬头了，但是还不能长时间进行这项动作，一般只能保持很短的时间，几秒或十几秒。训练孩子的抬头动作，需要帮助孩子翻身，让孩子趴下，孩子自己会慢慢地抬头。当然，父母一定要在边上观察。如果孩子抬头很吃力的话，就要马上停止行为，再等几天再练习。"

"帮助孩子趴下后，要把孩子的两只手放胸前。一般来说，训练几天，孩子就会了。妈妈可以试着把孩子趴着放在床上，然后在上方吊着玩具，孩子就会抬头看。"

孩子一般会在 2 个月的时候能够稍稍抬起头和前胸。3 个月时,孩子的抬头动作就可以做得很好。那么,为什么家长要对婴儿进行抬头的训练呢?

婴幼儿专家表示:脊柱是人体的主梁,上承头部,下接骨盆。从侧面看,这根主梁是呈 S 形的,具有一定的生理性弯曲。具有了这些生理性弯曲,孩子在做走跑跳等动作的时候,更具有弹性,更具有保护性。但是这些弯曲并不是与生俱来的,而是随着婴儿动作的发展逐步形成的。一般当孩子 3 个月能抬头的时候,就形成了第一个弯曲——颈曲。

所以,抬头动作是孩子成长之路上的必然经历,具有相当的必要性,需要父母有意识地帮助孩子练习这项运动。当然,在练习的过程中一定要注意动作要领,规避风险。

在对婴儿进行抬头训练时,父母需要注意以下几点:

第一,不要在孩子刚吃完奶后立即进行抬头训练,否则可能会导致孩子吐奶。要挑选孩子心情愉快的时候进行,这样会让孩子更愿意配合训练。

第二,父母在帮助孩子俯卧在床上后,需要把孩子的两臂弯曲着放在胸前,手心向下,以便孩子支撑着身体。然后,父母可以用一个色彩明亮、鲜艳并带有声音的玩具,一边叫着孩子的名字一边逗引他,让孩子主动抬头找寻玩具。当然,也可以运用其他可以引诱孩子注意力的道具,只要可以达到让孩子从各个角度把头抬起来的目的就行了。

第三,孩子每次训练的时间都不需要太长,只要几分钟就好。如果孩子的情绪好,父母可以试着间隔锻炼几次,但如果孩子不想运动的话,就可以立即停止了。

当孩子完成了一次练习后,妈妈需要让孩子侧身,抚摸他的后背,让孩子的肌肉放松。其实,孩子的感觉是非常敏锐的,对于妈妈的爱抚和语言上的鼓励,他可以清晰地感受到。所以,妈妈如果能够经常爱抚、夸奖孩子的话，就可以让孩子从小建立起自信心和稳定的情感。

在了解这些注意事项后，父母还需要知道训练婴儿抬头的具体方法。让孩子完成抬头动作的练习分为三步：竖抱抬头练习、俯腹抬头训练和俯卧抬头训练。

（1）竖抱抬头练习

竖抱抬头练习，需要妈妈用两只手分别托住孩子的背部和臀部，把孩子竖抱起来，带着看看周围的环境。如果还有另一位家长在身边的话，可以用手指着周围的物品引起孩子对各种事物的关注和兴趣。

在这个训练完成后，妈妈要用手轻轻抚摸孩子的背部，让孩子的背部肌肉得到放松，并让孩子感受到妈妈的爱抚，得到舒适感。每次锻炼完后，还可以让孩子仰卧在床上休息片刻。

（2）俯腹抬头训练

这个训练过程需要在孩子空腹时进行。当孩子空腹时，妈妈可以将孩子放在自己的胸腹前，让孩子自然地俯在妈妈的腹部。然后，妈妈可以把双手放在孩子的背部对孩子进行按摩，逗引孩子。对此，孩子有时就会做出抬头的动作。

（3）俯卧抬头训练

进行俯卧抬头训练时，妈妈要先把孩子俯卧在稍有硬度的床上，这样可以有效防止物品堵住孩子的鼻子，影响孩子的呼吸。然后，再帮助孩子将两只手臂朝前放，不要压在身下。接着，妈妈就可以通过抚摸孩子的背部，或者用玩具吸引孩子等方法来鼓励孩子做出抬头的动作。

在这个训练过程中，逗引孩子的玩具最好是色彩鲜艳并有响声的，然后，用叫孩子的名字或和孩子说话的方式来诱使孩子努力抬头。当孩子可以完成抬头的动作后，还可以慢慢地把玩具从孩子的眼前移动到头部的两侧。这样不仅可以锻炼孩子俯卧抬头的持久力，还可以锻炼孩子颈部转动的灵活性。

通过这样的锻炼,当孩子 4 个月左右,孩子在俯卧时,头就可以从床上抬起 45°～90°。

一般情况下,如果孩子到 4 个月仍不能完成抬头动作的话,父母就需要去找保健医生对孩子进行检查了。孩子运动功能的发育与中枢神经系统成熟的程度密切相关,并且骨骼、肌肉的成熟程度也是运动功能发育的重要因素。如果孩子的中枢神经系统有异常,或者末梢神经、肌肉、韧带、皮下组织有异常,就会影响运动功能的发育。

3. 帮助孩子做好翻身练习

翻身动作时小孩子在人生中最早进行的"大型"自主运动,常言道"三翻,六坐,九爬爬",说的就是孩子会在 3 个月的时候翻身。其实准确来说,3 个月的孩子还不能成功完成翻身动作,但这一阶段的孩子已经有了很强的翻身欲望。这时候,就需要父母抓住这个机遇,帮助孩子完成翻身动作。

多多出生刚过 3 个月就开始频繁地练习翻身的动作,可惜力量不够,因此总是翻不好。看着多多想翻又翻不过去的样子,妈妈虽然很想笑,但又觉得很心疼。所以,妈妈决定帮多多一把。在他又一次为翻身累得满头大汗时,妈妈过去助了多多一臂之力,多多终于翻过去了。但是多多好像没有想象中那么高兴,似乎并不喜欢妈妈的帮忙,更喜欢独自奋斗获得的成功。

其实,孩子的行为发展是因人而异的,有些孩子在 3 个月的时候就可以完成翻身动作,但有些孩子直到 4 至 5 个月才会翻身,这是因为每个孩子的行为发展的不同所产生时间差异。那么,父母又该如何引导孩子尽早学会翻身呢?

一般孩子在 3 至 6 个月的时候,都会尝试着翻身来改变自己的体位、扩大自己的视野范围和接触范围，这样的动作对孩子未来的智力提升也将会产生很大的帮助。一般情况下，如果孩子有侧睡的习惯，学翻身的时候会比较容易一些。而在日常生活中，大人可以通过对孩子进行适当地引导，让孩子自然学会翻身。

父母可以通过这几个步骤让孩子做好翻身动作：

（1）训练孩子双臂的力量

在孩子3个月的时候，妈妈可让孩子趴在床上，再把色彩鲜艳的发声玩具放在孩子头顶上，吸引孩子的注意。让孩子自己慢慢尝试抬头，并用双手支撑起身体。这样的训练可以加强孩子手臂的力量，为以后的翻身训练打好基础。

（2）让孩子由仰卧翻向侧卧

拿一个有趣的玩具放在孩子的左侧逗引孩子，然后把孩子的右腿放在左腿上，再将孩子的一只手放在胸腹之间。之后，妈妈就可以用手托住宝贝一侧的手臂和背部，向另一侧缓慢地推动，让孩子进行侧卧。只要重复这个动作几次，然后稍稍把他的腿放好，再用玩具逗引一番，聪明的孩子就可以自己完成翻转动作了。运用逗引的玩具时，要两侧均匀使用，以便孩子左右两侧的身体都可以得到锻炼。

（3）让孩子由仰卧翻到俯卧

先让孩子由仰卧翻向侧卧的姿势，等到孩子完成这个动作后，妈妈就可以在孩子的前面用能发出声响的玩具引逗他，当孩子顺着声音寻找玩具时，就可以很自然地将身体翻成俯卧姿势。

（4）让孩子由俯卧翻到仰卧

需要先让孩子俯卧，然后拿一个他喜欢的小玩具在孩子头上慢慢移动，吸引他随着玩具的方向翻动身体。刚开始的时候，孩子还会做得比较吃力。这时，妈妈可以适当地帮助一下孩子，用不了多久，孩子就可以独立完成整个翻身动作了。当然，如果孩子成功了，要记得把引逗孩子的玩具奖励给孩子。

孩子在做练习翻身动作时,孩子一般是先学会从仰到俯翻身,再学会从俯到仰翻身,翻身训练一般每天进行2至3次,每次训练2至3分钟,时间不宜过长。

在孩子练习翻身的过程中,父母还需要注意以下几点:

第一,翻身练习需要在孩子心情愉快的时候进行,如果孩子不愿意,就不要勉强。

第二,在帮助孩子做翻身练习时,父母的动作一定要轻柔,以免扭伤到孩子的小胳膊小腿。

第三,刚开始帮助孩子做翻身训练时,练习的时间和次数不要太长,要循序渐进,再逐渐增加,这样才能让孩子更好地适应练习。

第四,不要在孩子刚吃完奶后就立即进行翻身练习,这样可能会导致孩子吐奶。也不要在孩子身体不舒服的情况下练习。

第五,当孩子在练习翻身动作的时候,父母一定要悉心照顾,注意孩子的安全。

第六,当孩子可以独立完成翻身动作后,父母仍然要继续让他们练习,这样不仅是为了让孩子熟练翻身水平,也是为日后孩子学习爬行打下基础。

孩子学会翻身,不仅有助于孩子的运动智能,还有助于孩子的智力发展。所以,在帮助孩子做好翻身练习的过程中,需要父母付出极大的耐心来帮助孩子,这样才能让孩子更快、更好地学会翻身。

4. 训练孩子爬行的好处

从孩子呱呱坠地那天起,就注定了会经历"二抬四翻六会坐,七滚八爬周会走"的发育过程。很多父母都很急于求成地训练孩子行走,不爬就直接学习行走的孩子,很容易感觉统合失调,小时候很难察觉,越长大越明显。

不要小看爬行,孩子的爬行练习对日后的成长有诸多好处。比如,婴儿在爬行的时候必须头颈抬起，胸腹离地，用四肢支撑起全身的重量。这一过程就能够很好地锻炼孩子手脚、胸腹的肌肉，为以后站立和行走打下基础。

并且，孩子在爬行过程中，会不断地扩大自己的视野和接触范围，眼睛在看，手掌在摸，耳朵在听，视觉、触觉、听觉全面发展，对大脑的发育和智力开发有着很重要的意义。爬行能锻炼孩子全身大肌肉活动的力量，尤其是四肢活动的协调性和灵活性，还可使血液循环流畅，并且促进肌肉、骨骼的生长发育。

爬行过程中，父母应不断地跟孩子交流，孩子能够在爬行中获得很多种情绪的体验，这些体验能够丰富孩子的情感。研究表明，经常爬行的孩子见到父母时的兴奋状态明显高于不会爬行的孩子。还有，爬行很消耗能量，要比坐着消耗能量多一倍，所以经常爬一爬的孩子吃得多、睡得香。

训练孩子爬行一般分为两个步骤。孩子7个月左右的时间，开始慢慢用腹部蠕动，孩子的四肢开始不规则地划动，有时候还会往后退着爬。到了8个月以上时，就可以训练其用四肢爬行了，最后慢慢地直起四肢，用手和脚开始爬行。

在训练爬行之前，还要做一些准备工作。首先要准备好孩子穿的连体服，避免孩子在爬行时腹部着凉，连体服要合体舒服。否则容易绊倒孩子，服装的正面也不要有大扣子和饰物，以免硌到孩子娇弱的身体。

如果担心孩子爬行的时候磨破手肘和膝盖，可以给孩子买婴儿护肘和护膝。地板铺上毛毯，桌角、柜子角等尖锐的地方都是危险地带，必须套上护垫，易损品要远离孩子，电源插座等都要作好防护。最好能够给孩子开辟一片自由安全的区域，孩子在里面可以随意打滚。

教孩子爬行的时候，爸爸妈妈可以一个拉着孩子的双手，另一个推起孩子的双脚，拉左手的时候推右脚，拉右手的时候推左脚，让孩子的四肢被动协调起来。这样教导一段时间,等孩子的四肢协调得非常好以后,他就可以立起来用手和膝来爬了。

或许孩子可能在一开始有爬行困难,那么可以让孩子从学爬开始训练,然后爸爸妈妈帮助孩子学爬行。其实,刚学爬的孩子都有匍匐前进、转圈或向后倒着爬的现象,这是学爬的一个过程。

下面是几个常用的教孩子爬行的方法:

(1) 爬行方法一

把小席子卷成圆筒,让孩子趴在席子上,将席子一边压在身下,然后推动席子,让孩子随着席子的展开而朝前爬。

(2) 爬行方法二

妈妈躺在床上,孩子趴在一边,爸爸在妈妈的另一边,爸爸牵孩子右手,妈妈推孩子左腿,反之亦然,协助孩子从自己的那边爬到爸爸这边来。

(3) 爬行方法三

让孩子趴在床上,用毛毯兜住胸腹部,爸爸把毛毯提起,妈妈推动孩子左手、右脚。前进一步后,换推动孩子右手、左脚,轮流进行,训练孩子手、膝爬行。在训练中要注意适时休息,并要多给孩子鼓励。

多引导孩子从房屋的一头爬到另一头,让孩子多熟悉房间中更多的地方,并不断地表扬他。在面前放个玩具逗引孩子,使他有一个向前爬的意识,可以更好地鼓励孩子的爬行积极性。父母最好也与孩子在地板上玩耍,让孩子能够看到爸爸妈妈的脸。

有的孩子在爬行过程中,总是用一边的手和脚用力,感觉像是用一边的腿带动另一条腿来爬行,而且腹部紧贴地面,就像军人匍匐前进一样。有不少父母会着急上火,以为孩子是发育不良。其实,这是孩子还对身体的协调性掌握不好,加强孩子手脚协调性的训练就好了。

孩子爬够800小时,对孩子的发育特别有好处,通过爬行奠定孩子身体的基础，使他能更好地学习走路，还能促进大脑发育，是孩子成长过程中至关重要的一步。

5. 和孩子一起散步的好处

父母带着孩子一起散步，不仅可以让身心得到放松，达到休息和锻炼的目的，也是父母同孩子进行亲子交流的好机会。

晨晨在3个月时，妈妈就开始带着他散步了。从一开始抱着孩子出门几分钟，到后来牵着孩子沿着街道慢慢走。从妈妈有意识地告诉晨晨"这是梧桐树""这是蔷薇花""这是汽车"，到晨晨自主地问妈妈"那个绿色的是什么""为什么现在还没有花""汽车要到哪里去"。晨晨走得越来越稳，语言表达也越来越清楚，妈妈欣慰极了。

一般情况下，当孩子满月后，大人就可以抱着孩子到室外散步。时间不用太长，5至10分钟即可。在散步期间，婴儿可以改善身体的气体交换状况，使体内的血氧气含量增多。

当孩子学会走路后，带着孩子一起散步时，父母就可以向孩子描绘沿途所见，像便利店、银行、图书馆等各种标志。这样的运动形式可以让生活的细节在孩子心中逐渐鲜明起来，如果只是开车快速地来去，孩子看到就只是模糊的过道而已。所以说，散步是一件非常有趣并且有意义的事情。

当孩子慢慢长大，开始上幼儿园后，父母可以在散步这样轻松愉快的气氛中，了解孩子在幼儿园的生活情况；也可以在散步的过程中，根据路边的所见所闻给孩子讲一些故事、英雄人物的模范事迹等，或者让他们根据看到的东西编故事；还可以结合着车来人往的街道，对孩子进行安全教育，等等。这样一来，散步就成了父母向孩子传播各种知识的活课堂。

饭后,妈妈都会和 3 岁的悠悠一起外出散步,走一段时间后,妈妈和悠悠就会你追我赶地开始玩闹。一般妈妈先跑到悠悠前面 50 米左右的地方,然后让孩子迅速跑过来抓住自己,这时妈妈就会抱着悠悠亲吻、哈哈大笑。

在妈妈看来,"笑"是一种增进亲子关系的方式,所以在这样的过程中,既锻炼了身体又增进了情感。所以,妈妈会和悠悠一直围着小区持续着这样的散步方式,直到悠悠说有点累了。

亲子之间一起散步,本身就是一种快乐的享受。牵着孩子的小手,可以感受到彼此亲情的交流;放任孩子奔跑,可以和孩子一起分享生命的踊跃。

和孩子一起散步具体有以下几个好处:

利用散步的时间与孩子多交流、沟通,增进彼此感情的同时,还可以共同享受成长的过程。哪怕每天都在重复相同的路线,孩子的各种感官也会在这一过程中变得更加活跃,看到越来越宽广的世界。

利用散步的机会,看到建筑物、花花草草等都可以和孩子讲一讲,提高孩子的学习兴趣。并且孩子在看到周围新鲜的事物后,可以用自己的力量走过去一探究竟,想要探索的欲望也就越来越强,可以启发孩子的好奇心和求知欲。

多走路,孩子的足弓就会慢慢形成,这种足部构造,能够吸收地面返回的冲击力,让人长时间行走也不会感觉到疲劳,所以对孩子的健康有着非常重要的作用。同时,因为走路可以加强肌肉的力量,帮助血液返回心脏,促进血液循环,促进呼吸器官的发育。所以通过散步的形式,可以让孩子全身的肌肉变得更有力,体力也会越来越好。

对孩子来说,走路比爬、站的运动量大很多。孩子会因为活动得多,肚子就容易饿,食欲自然也会变好。并且在散步时,孩子一般都是一边走路一边尽情玩耍，这会让孩子感到适度的疲劳，晚上就会睡得很好。所以说，散步不仅可以引导孩子养成经常运动的好习惯，还可以让孩子的生活变得更有规律。

散步真的是一种非常好的运动方式，所以，每个父母都应该腾出一些时间，和孩子一起散散步，哪怕不能每天都去，但至少每周要腾出两三天。也不需要太久，每次几十分钟到一个小时就可以了。

在生活中经常会看到这样的场景：年轻的爸爸妈妈带着孩子出门散步，不是紧抓着孩子的小手，就是跟在孩子身后紧紧地盯着他，生怕孩子跌倒受伤。总是不时地喊："那个危险，不要碰！""慢点跑，小心摔着！"渐渐地，频频回头张望的孩子就开始裹足不前了。

其实，父母完全可以走到孩子看得到的地方，让他向你走过来，这样能更好地起到带孩子散步的作用。当然，这并不是建议父母在散步时要把孩子抛在身后，而是希望父母可以对孩子的注意力进行一定的引导，不必太过紧张。父母可以选个自己熟悉且放心的环境，无论是孩子还是自己都能得到放松。散步时，不管是父母停下脚步耐心地等待孩子，还是孩子尝试着配合父母的步伐，都是彼此之间学习相处的好时机。

6. 最益智的十种球类游戏

每个孩子在完成独立行走以后，高级的运动技巧就会随之发育和形成，比如跳跃、肢体动作的模仿、接球等。其中，球类运动是一种比较古老的儿童游戏，在这样游戏中，孩子的手腕力量、手控制方向的能力、手眼协调能力及快速反应能力等都可以得到有效的训练。同时，球具有的反弹特性可以让孩子对事物运动方向的改变产生思考和认识，提高了孩子预测运动方向的能力。

下面是十种对孩子而言最益智的球类游戏，希望在这些游戏过程中，不仅可以让孩子得到锻炼，还可以享受到幸福的亲子时间。

在孩子 1 岁至 3 岁的时候，父母可以与孩子共同完成这些游戏：

（1）接抛来的球

让孩子开始学着接抛过来的球，能够有效地训练孩子手眼协调性和快速反应能力。

父母和孩子玩这项游戏时，需要和孩子相距一定的距离，然后轻轻地把球抛给孩子，鼓励孩子接住它。对孩子而言，这个动作是较难的，所以刚开始的时候，父母可以拉着孩子的两只手帮助孩子接住球，让孩子对此拥有成就感，逐渐激发起游戏的兴趣。经过多次练习以后，再鼓励孩子独立完成接球动作。同时，父母需要注意自己和孩子间的抛球距离要根据孩子的完成情况适当地调整。

（2）接反弹过来的球

让孩子接反弹过来的球，是为了提高孩子手眼协调性，让孩子对事物运动方向改变有一定的预测性。

当孩子可以成功地接住抛过来的球时，父母可以试着把球在地上反弹一下，再要求孩子接住。这个游戏同样需要父母帮助孩子完成，然后再引导他独立完成。

（3）学原地拍球抱起

让孩子学会原地拍球抱起，是为了训练孩子高级的连续动作运动技巧。

当孩子可以接住反弹过来的球时，父母可以教孩子把球往下拍，然后抱住球。这个动作对 2 岁多点的孩子来说是比较难掌握的，父母可以试着把动作分解开，比如父母拍球，让孩子抱球；或是让孩子拍球，父母抱球。反复多次，再教孩子连起来做。一般孩子接近 3 岁时就基本可以掌握了。

（4）打保龄球

这项游戏主要是为促进孩子的手眼协调发展，提高空间知觉能力。

父母可以用家里的废易拉罐当靶子，让孩子坐在 2 米以外的距离把球滚过去击倒易拉罐。以此来观察孩子的滚球动作是否有方向性。

（5）用脚推球

训练孩子用脚推球，是为了增强孩子的下肢运动肌力和控制能力。

父母可以让孩子面对墙 50 厘米的距离坐下，然后把胳膊放在身体后面支撑地面，放一个球在孩子脚下，让孩子先练习原地用脚底板滚球。等熟练了以后，再教孩子用脚把球踢出去，并尽可能用脚接住反弹回来的球。

（6）对滚球

和孩子一起对滚球，可以提高孩子的手腕力量和手眼协调性，并促进亲子关系。

父母面对面和孩子相距 2 米以上坐在地上，双腿分开，然后和孩子互相对滚球。如果父母在游戏过程中配合球的滚动增加一些音乐效果，就能够增加孩子游戏的兴趣。

在孩子 4 岁至 6 岁期间，就可以增加游戏的难度，与孩子玩这些球类游戏了：

（7）手指转球

训练孩子用手指转球，可以有效增强孩子的手指灵活性和力量，提高双手合作能力。

准备一个与孩子的手大小相合适的皮球，父母先示范如何用手转动球，然后帮助孩子完成。或者父母可以让孩子模仿自己的动作尝试用两只手配合转动球。

（8）投球

训练孩子投球，可以增强孩子的手臂力量，提高孩子身体协调性和手眼协调性发展。

父母需要给孩子准备一个可以单手握住的小球，先教孩子握球、过肩投掷。可以在适合的时候增加球的重量；然后再给孩子必须要双手才能抱起的球，教孩子抛球或是投篮。在游戏过程中，可以要求孩子朝一定的目标扔出去。

（9）抢球大赛

这项游戏可以提高孩子的手控制能力和手眼协调性,帮助孩子建立竞赛意识。

父母要准备一些乒乓球和几把大一点的汤匙,然后把乒乓球放在洗菜的塑料筐里,和孩子每人拿一个小碗。比赛开始以后,父母和孩子一起用勺把球舀到小碗里,看谁舀得多。父母当然要让着孩子一点,如果有其他小朋友一起玩就更好了。

玩这项游戏时,父母需要特别注意:最好不要用较小的玻璃珠,容易发生危险。

（10）吹球射门

这项游戏可以提高孩子的肺活量,进而增强其身体素质。

准备一个乒乓球并用积木塔一个小门当球门,把乒乓球放在距离球门20厘米以外的地方。父母先示范如何用嘴吹球进球门。然后鼓励孩子尝试着做。孩子进球的时候,要及时鼓励孩子。这个游戏最好在床上或是沙发上做,桌子太光滑了,球会到处乱跑。并且游戏时间不宜太长,否则不利于孩子的健康。

这些球类游戏都是非常有趣的,但父母在与孩子玩耍时,还是需要注意一下:

首先,根据游戏的不同,父母需要给孩子选择大小合适的球。

其次,在给2岁至3岁的孩子选购球类时,球的材质不宜太硬,气不要打得太足,以免球在反弹时伤到孩子。

最后,球类游戏容易让孩子兴奋,所以最好在午睡以后再引导孩子玩这类游戏,并且最好在游戏场所或室外绿地去玩,时间也不宜过长。

7.3 岁至6岁儿童适合的体育运动

3岁至6岁的孩子还小,体育运动只要能达到活动四肢的目的就可以了，一般可以通过跑步、游泳、骑自行车、爬山、乒乓球等运动来实现。不同的运动项目可以产生不同的锻炼效果，比如，跑步、骑儿童车等可以提高孩子的速度能力，游泳、跳绳等可以增强孩子的耐力能力，跳、投等练习可以增加孩子力量能力，跳舞、打秋千、拍球等则可以提高孩子的灵敏协调能力。

对3岁的孩子来说，跳有利于孩子长高，比如跳绳，不仅可以促进孩子的健康发育，还可以促进孩子全身的新陈代谢；走台阶有助于孩子平衡能力的发展；此外，骑儿童自行车、与孩子一起踢球或让孩子追球跑也是一项不错的运动选择。父母可以把这些体育运动变成愉快的游戏，让孩子尝试接触，有利于这一阶段孩子骨骼和肌肉的发育。

当孩子4岁的时候，他们可以进行的体育运动则更多一些。这一阶段，父母可以多加锻炼和要求孩子挺直脊背走路，切记不要让孩子养成弯腰弓背的习惯，这会使孩子的骨骼发展畸形，甚至导致驼背。

这一阶段的孩子喜欢蹦蹦跳跳，像跳绳、跳皮筋等都可以鼓励孩子去做。还可以在父母的保护下，让孩子爬上爬下，以此来锻炼孩子的手脚协调能力。也可以适当锻炼孩子的亲水能力，比如让他们带着游泳圈在水池中游一游，这项运动可以锻炼孩子手臂的肌肉，但父母不必强迫孩子游泳，否则会适得其反。同时，父母可以适当地培养这一阶段孩子的舞蹈能力，锻炼孩子身体的协调性。

对5岁的孩子来说，适合的体育运动有跑步、游泳、骑自行车、爬山、乒乓球 、放风筝等。这些传统的体育活动虽然对锻炼体质有帮助，但孩子可能会觉得这些运动比较单调，父母可以尝试变换一下花样。比如带孩子到草坪上互相追逐、踢球、抢球，也可以点木头人或在地上打滚等，都可以达到锻炼的效果。

6岁的孩子，同样可以通过以上几种运动来实现锻炼目的，像游泳有助于孩子的运动协调能力，促进孩子长身体，增进孩子的御寒能力，从而提高孩子的免疫力；舞蹈可以让孩子接触带有节奏美和服饰美的运动，在运动的同时更加强了艺术的熏陶；还可以进行跆拳道之类的锻炼，让孩子在运动健身的过程中逐渐培养起坚韧不拔的气质。

其实，任何一种运动都可以锻炼孩子的意志、增强孩子的体质。但为了让孩子得到更好的锻炼，父母需要帮助孩子合理地安排运动量，并制定和选用基本运动必须科学掌握的运动量，以免让孩子的身体健康受到不良影响。

对于6岁之前的孩子，运动的时间一般需要达到3个小时才是科学的，当然，并不是要连续运动3小时，运动的过程和时间需要根据孩子的身体状况来进行。除此之外，父母仍有需要注意的地方。

活动前，父母要先对运动的场地、设施、孩子的着装等进行检查，以此来排除运动期间所能产生的所有不安全因素，避免发生意外。比如查看一下运动设施是否定期检修等。孩子的衣服要以轻便、舒适为主，以免运动时限制孩子的活动，并且孩子的鞋子不宜过硬、过厚，以免造成扭伤、摔伤。

父母还要掌握好适宜的活动时间。研究表明：上午10：00和下午15：00是一天中空气较清洁的时间。比如上午9：00后，地面因为受到阳光的照射，温度升高，空气对流迅速，积聚在人呼吸带的空气污染物稀释、扩散。而午后15：00，则气温较高、风速快，有利于空气净化。所以，父母可以选择在这两个时间段带孩子进行户外体育运动，其他时间来安排室内体育运动。

如果遇到雾天，则不宜带孩子进行户外运动。因为雾天，空气湿度大，雾中不仅带有煤烟、粉尘、病菌等有害物质，会让孩子感到胸闷、心慌、气促、无力。并且雾天视物不清，极容易造成孩子发生碰伤、跌伤等意外。此外，烈日当空时也不宜带孩子外出运动，以免孩子中暑。孩子在饭前、饭后半小时内也需要避免进行体育活动，因为这个时间段容易让孩子吸入冷空气，产生胃痉挛，对孩子的身心造成不利影响。

当孩子活动后，父母切记不可让孩子马上饮水或吃冷饮。因为孩子在活动后，全身各部分脏器血液流量大大增加，饮用大量水分会给心脏增加很大的负担，长此以往会影响心脏的功能。冷饮则会刺激各处的毛细血管，尤其是胃肠道的毛细血管立刻收缩，影响胃肠道的血液供应和消化液的分泌，会导致孩子出现腹泻、腹痛、食欲不振、消化不良等症状。

运动后不可马上让孩子洗冷、热水澡。冷水会刺激孩子的皮肤神经感受器，使皮肤毛孔突然关闭，全身毛细血管包括肾脏毛细血管骤然收缩，导致头晕、头痛、头胀、眼花、恶心呕吐等不良反应。热水澡则会刺激孩子的皮肤、肌肉毛细血管扩张，使其体内的血液过多地分布到皮肤、肌肉中去，这样势必会造成心脏、肝脏、脑等人体的重要器官血液流量减少，从而导致头昏、胸闷、眼花，甚至晕厥现象。

8. 带孩子去爬山不只是体力活

当孩子3岁以后，父母就可以尝试带孩子去爬山。当然，对孩子来说，爬山不只是体力活，而在刚开始这项运动的时候，也不一定非要爬到山顶，更重要的是可以通过这项运动来锻炼孩子的品质意志。

难得周末又遇上晴朗的天气，爸爸妈妈决定带6岁的果果去郊外爬山，不仅可以锻炼身体，还能开拓孩子的视野，培养孩子勇于战胜挫折的勇气，何乐而不为。

在爬山前，爸爸妈妈先和果果明确好登山纪律，如：不许和陌生人说话，爬山期间不许离开爸妈的视线，不许深入偏僻的小道，有需要一定要和爸妈沟通，等等。妈妈还把自己和孩子爸爸的联系方式装在孩子的小书包里，对孩子强调："要是找不到爸爸妈妈不要着急，去找穿制服的保安叔叔帮忙，知道吗？”

上山后，爸爸妈妈也会时不时地告诉果果一些爬山技巧，比如，刚开始要平稳，不要一会儿快一会儿慢，更不要跑跳前进，这样会很消耗体力；要集中注意力，千万不要被脚下的石头或树叶绊倒，受伤会很麻烦；在遇上陡坡时，要采取“之”字形路线攀登，以便节省体力等。

一路上，果果都很兴奋，当她累的时候，爸爸妈妈会停下来休息一会儿，并给她喝些水、吃些饼干补充体力。开始下山的时候，爸妈也一直在教孩子不要走太快，更不要奔跑，以免摔倒。

回家后，爸爸妈妈稍作休息，就帮助果果用热水泡脚，以此来缓解双脚的压力，并放松身心。

带着孩子去爬山不单单是为了爬上山顶，同时也是为了增加孩子的体验，给全家提供一个休闲的机会。而面对孩子的体能限制，父母带孩子去爬山时，可以把重点放在爬山的过程中，一边欣赏沿途的美景，一边享受运动带来的快乐。

那么，在爬上山时，父母和孩子需要作哪些准备呢？

（1）爬山装备一件也不能少

着装：薄款长袖运动装、运动鞋、帽子、太阳镜，还需要为孩子准备一件外套，以备不时之需。再准备一个有足够容量的双肩包（单肩包在爬山时会不太方便，就不推荐了），可以装下需要的所有东西。

食物：水（最好给孩子单独准备40℃左右的温水，以免刺激孩子的肠胃）、适量的食物（可选择较轻又耐饱的蛋糕、饼干）、水果（可选择剥皮即食的香蕉、橘子等，少带一些即可）。

喝水要注意在休息时再喝，边走边喝不利于身体健康，并需要控制饮水量。还可以为孩子准备一些水果、饼干等，可以在上山的过程中适当给孩子补充能量。

药品：防蚊喷雾、创可贴、风油精等。

山上蚊虫比较多，所以随身带上一瓶防蚊虫喷雾很有必要，上山前记得要给孩子喷一些。其他药品带上是为应急。

其他：雨衣、防水鞋套、干/湿纸巾、垃圾袋、毛巾。

（2）爬山之前要先热身

在爬山之前，父母可以带着孩子进行一些压腿、双脚原地绕圈等活动来适当拉伸韧带，以此来激活沉睡的肌肉群，防止在爬山途中出现脚抽筋等意外。

（3）不要抄小路

很多父母可能会觉得人工铺设的台阶、大路没什么意思，就想着带着孩子抄小路、刺激一把。但是，小路大多未经开辟，很可能会发生许多意想不到的危险，到时就无法保证你和孩子的安全了。

（4）让孩子走在自己前面

3岁至6岁的孩子正是好动的时候，所以为了孩子的安全着想，父母一定要让孩子走在自己前面，如果是比较宽敞的道路也可以牵手并行。总之，无论如何都不要让孩子远离你的视线，并要时刻提醒孩子慢走步行、注意脚下，谨防滚落的小石子或开裂的台阶等。

（5）不错过任何一个教育孩子的好时机

在爬山之前，父母要准备一个垃圾袋，将爬山途中产生的垃圾装入垃圾袋中并扔进垃圾箱。这时，父母就可以教导孩子：大自然是人类的好朋友，需要一起保护它。

当孩子在爬山过程中泄气、哭闹、休息、耍赖皮时，父母要鼓励他"想不想看看更美的风景，想不想站在峰顶拍张照让小伙伴们都羡慕一番？""都爬这么久了，中途放弃了不可惜吗？""不要着急，爸爸妈妈陪着你，我们一定能坚持到最后的。"

当他努力向上时，父母也别忘记称赞孩子："宝贝爬到这么高了，真不错。"看似细微的鼓励，可以有效地鼓舞孩子坚持前行。

第八章　艺术智能，激发、释放孩子的天赋

1. 音乐胎教不只是听听音乐那么简单

美妙的音乐可以缓解准妈妈的紧张情绪、促进胎儿的大脑发育、提前开启孩子的音乐智能。所以现在越来越多的准妈妈们开始为孩子进行音乐胎教了。那么，所谓的音乐胎教就只是简单地听听音乐吗？当然不是的。音乐胎教要注意的方方面面有很多。下面，介绍一下正确的音乐胎教方法。

（1）音乐胎教应该从什么时候开始

国外专家经过研究发现：胎儿会在 3 至 4 个月的时候开始具有听觉能力，到 6 个月时，胎儿的听觉能力就已经发育到相当完备的程度，不仅可以听到母亲的心跳、说话的声音，还能够对外界发出的各种声音产生一定的反应。

因此，根据胎儿产生听觉能力的时间，音乐胎教一般在怀孕 16 周左右进行。做音乐胎教时，尽量选择在胎动时或在晚上临睡前进行比较合适，并且音乐的声音强度以 65 至 70 分贝为适宜，这样的音量就相当于成人隔着手掌听到的声音强度。

（2）什么样的音乐适合音乐胎教

胎儿对声音的感觉很敏锐。比如听到噪声时，胎儿会皱眉、踢脚，显得烦躁；而听到母亲的声音或优美的音乐时，则会表现得很舒服、安静。

所以，进行孕期音乐胎教时，应该选择一些舒缓、轻柔、明朗旋律、温和自然、有规律性、节奏和妈妈心跳相近的音乐。

像《小夜曲》《彩云追月》《蓝色多瑙河》等旋律悠扬的轻音乐，《春江花月夜》《渔舟唱晚》《平湖秋月》等中国传统名曲，《春姑娘》《童年》《铃儿响叮当》等童声乐曲，还有巴洛克时期和古典主义时期的音乐，其音乐节奏与妈妈的心跳旋律接近；或者莫扎特的音乐，大自然的河川、溪流声、虫鸣鸟叫声等也都具有安抚胎儿及调节其昼夜规律的作用，是非常不错的音乐胎教选择。

当然，所谓音乐胎教不仅仅只让胎儿听现有的音乐，准妈妈还可以经常对胎儿哼唱优美的歌曲，或者跟着音乐哼哼曲调，这会让胎儿的音乐素养及各方面的综合素质得到更好的提高。同时，准妈妈通过这样的哼唱形式可以让自己的身心处于更加活泼、愉悦的状态。

准妈妈在怀孕期间可以选择的胎教音乐种类很多，而且每个阶段适合的胎教方式也不尽相同，只要选择适合聆听的音乐，就能起到良好的养胎作用。

在这里，准妈妈一定要注意一点：胎教音乐并不等于世界名曲。有很多名曲并不适合准妈妈听，如贝多芬的《命运交响曲》，它的旋律中充满了强烈的情感挣扎，普通人听了都会有心惊肉跳的感觉，更何况孕妇和胎儿。

准妈妈应该尽量避免迪斯科、摇滚乐等太过刺激亢奋的音乐，不要节奏感太快的音乐、高音频的音乐，也不要选择那些突然发出巨响声的音乐等。这些类型的音乐会让胎儿感到紧张，或造成胎儿受到惊吓，严重者会损害胎儿内耳螺旋器基底膜，使孩子出生后听不到高频声音，导致孩子听力下降。

音乐胎教要这样听：

首先，准妈妈要选择一个舒适的姿势坐好。最好是半坐姿势，可以选择靠在沙发上，但最好不要平躺下，以免胎儿活动不方便。

要注意，不要直接把录音机、收音机等放在肚皮上，音乐播放器应该放到1米以外的位置，然后放松全身，让呼吸保持轻松自然、通畅，再轻轻抚摸肚子，说："孩子，我们听音乐啦。"开始为孩子进行音乐胎教。

一般为了让胎儿熟悉所听音乐，最好是一段时间内放同一种旋律的音乐，等过一段时间后在换音乐，不要过于杂乱，以免胎儿不好适应。

其次，应有固定的音乐胎教时间，并且时间不能过长。怀孕4个月时，每次时间5分钟左右；5个月时，每次5至12分钟；6个月后，每次时间可以延长到20分钟左右，每天在固定时间进行1至2次即可。这样才不至于打扰到孩子的睡眠，影响到胎儿的正常发育。

最后，准妈妈需要根据不同的孕期，选择不同的胎教音乐。

怀孕早期，准妈妈可能会因为刚刚怀孕而产生焦虑等不良情绪，这时需要听一些轻松、愉快、诙谐、有趣、优美、动听的音乐，可以使准妈妈感到舒心。

怀孕中期，胎儿的听觉能力有了明显的提高，胎教音乐的内容可以变得丰富一些，如大提琴独奏曲、低音歌声或乐曲之类，还可以增添一些阳光、温暖的乐曲。

怀孕晚期，准妈妈因为快要分娩了，常常会有一些累的感觉，并且会产生一些忧虑担心的情绪。这时的音乐就要偏向柔和、欢快一些，这样可以舒缓准妈妈的情绪，增强她战胜困难的信心。

当然，无论哪一时期的音乐，都要选择准妈妈们自己喜欢听的音乐。因为准妈妈们只有在听到自己喜欢的音乐时，才会使心情产生愉悦的感觉，进而让胎儿感受到妈妈愉快的情绪时，才能更有利于胎儿的发育，起到音乐胎教的作用。

2. 处处留心，给孩子创造一个良好的音乐启蒙环境

从小对孩子进行有意识的音乐听觉启蒙，会让孩子建立起早期的

音乐能力。所以，父母在孩子 3 岁之前为他创造一个良好的乐音启蒙环境是非常必要的。

　　妞妞妈妈从事的是音乐方面的工作，所以从小就很注重妞妞在音乐方面的培养。从音乐胎教到音乐启蒙，一步也没落下。现在妞妞还不到 3 岁，就可以有模有样地哼唱出许多儿童音乐了。

　　其实，父母只要稍微留心一下，就可以从每天的生活规律中找到可以刺激孩子听觉的音乐，强化孩子对各种音乐情绪和旋律的记忆。

　　比如在给孩子喂奶时，父母可以播放一些优美抒情、节奏平缓的曲子，让孩子的进食成为一件非常享受的事情；逗孩子玩时，可以为孩子播放一些轻快活泼、节奏跳跃的音乐。

　　久而久之，孩子就可以很自然地把音乐中所表达的情绪和自己的心情联系在一起，进而提高孩子对旋律的感受；哄孩子睡觉时，给他听一些安静柔和、节奏舒缓的摇篮曲，同时，用温柔舒缓的语调讲个温馨的睡前小故事，不仅有助于孩子的睡眠，还能够刺激孩子对音乐的感觉。

　　在父母和孩子相处的所有时间里，都可以让孩子听一些曲子，再穿插着让孩子听和这首曲子形成对比情绪的曲子。比如，让孩子听完摇篮曲后再听进行曲，接着听摇篮曲。让孩子感受这两首曲子的不同。

　　这些音乐会在孩子的脑海中形成深刻的记忆，为以后孩子的艺术智能打下基础。

　　琪琪出生后，妈妈会在不同的时间段为她播放不同的音乐，比如妈妈会在给她喂奶时播放《天空之城》，和她玩耍时播放《初雪》，哄她睡觉时播放《摇篮曲》。

　　现在，琪琪还不到 1 岁，已经可以根据不同的音乐有规律地生活了。比如只要听到《天空之城》就会做出吸吮的动作,因为她知道该吃奶了;听到《初雪》就会比较兴奋;而听到《摇篮曲》就会渐渐睡着。

　　音乐属于听觉上的艺术,像唱歌、弹琴、跳舞等都需要用耳朵去听才能合上节拍。但在唱歌时,需要听觉和发声器官密切配合,才能为人们展示出美妙的声音。而孩子在 3 岁之前,听觉和发声器官都还处于发育期,要能两者协调配合实在太难了。

　　这时,除了乐曲之外,生活中的其他声音也可以对孩子的听觉起到训练作用。所以,除了有意识地为孩子创造音乐环境以外,父母还需要锻炼孩子对生活中的各种声音多多留心,这样可以提高孩子把握音准的能力。

　　首先,在生活中存在着各种具有音高和音调的声音,像鸟叫、蛙鸣、水滴等,都富不同的节奏感。父母可以有意识地引导孩子去听、去模仿,鼓励孩子用自己的声音再现这些听到的声音。

　　其次,如果孩子喜欢唱歌的话,不妨让他进行听唱练习。比如要求孩子哼出耳朵听到的音调旋律等,时间一长,孩子对音准的把握能力就会慢慢提高。这样的练习一般在孩子能够表达语言时就可以进行了。

　　一般来说,孩子在哼唱的时候,因为年纪小的缘故,发生咬字不清、根本不在调上的情况是必然的。这时,无论孩子的歌声是怎样的,父母都应该给予鼓励,而不是去嘲笑,也许父母的无心会给孩子留下阴影。

　　除了用声音表达对音乐的情绪外,孩子还喜欢用动作来表达自己所感受到的音乐情绪,父母可以利用这一点来引导孩子的动作,进而培养孩子对音乐的节奏感。

　　比如,让孩子随着有节奏的音乐晃动身体,随着二拍子的进行曲节拍踏步走，随着三拍子的圆舞曲拍手或敲打玩具。久而久之，孩子对各种音乐节奏的跟随能力就会增强，然后逐渐形成节奏感。

在为孩子创造音乐启蒙环境的时候，父母需要注意：

第一，要选择合适孩子的音乐，因为这段时间孩子会对节奏变化较大的经典音乐感兴趣。所以，父母应选择一些比较高雅的音乐，而不是流行歌曲，以免孩子被歌曲中的不良因素所影响。

第二，因为孩子的听觉还处在发育阶段，所以音乐的音量要适中，并且不要长时间播放音乐。否则会使孩子听觉的敏锐度降低，容易造成孩子听觉疲劳，甚至损伤听觉。

第三，要注意音响资料的音准质量。如果音响资料的音不准，很容易造成孩子听觉上的混乱，阻碍他对音准的把握。

第四，早期的音乐启蒙并不是为了让孩子成为音乐家，如果孩子不喜欢的话，父母也不必强迫，否则会造成孩子的逆反心理。

3. 不要忽视了孩子音乐节奏感的培养

"你这是弹的什么？要注意节奏，节奏！"年轻的妈妈对刚刚6岁的笑笑怒喊着。笑笑小心地看了妈妈一眼，然后重新开始弹，但效果更差了。

妈妈很无奈，明明从小就在培养孩子弹奏钢琴的能力，怎么这么长时间以来，还是一点长进也没有，难道这孩子是个天生的"音痴"？

不少父母都渴望把孩子培养成音乐人才，一般在孩子刚上幼儿园时，就开始为孩子解囊购置乐器，让孩子从师学习，但效果往往不尽如人意。之所以如此，其实是因为这些家长们忽略了对孩子音乐节奏感的培养。

大音乐家舒曼说过："节奏是音乐的生命，没有节奏也就没有音乐。音乐家之所以能在笔端流淌出一首首美妙的乐曲，就在于他有超乎常人的节奏感。而节奏感的形成总是从童年开始的。"

柴可夫斯基出生在一个平凡的家庭中，但他从出生起就被父母进行着音乐节奏感的培养。当他还在襁褓中时，他的母亲就时常横抱着他，一边哼唱着具有浓厚乡土味的俄罗斯民歌，一边轻轻地拍打他，让他在这样和谐的节奏中慢慢入睡。

当他刚会走路时，只要听见马蹄声，就知道父亲回来了，然后就会跟随着马蹄声挥着自己的小手臂。父亲在逗他玩耍时，会把他抱在双腿上，嘴里发出模拟马蹄的声响，然后轮流交换起左右腿，使他的身体东摇西晃、上下颤动，让他享受着这样的节奏情趣。

对此，柴可夫斯基在《回忆录》中这样写道："我的父母使我从婴儿时期就感受到音乐节奏的魅力，这是我走上音乐道路的起点。"

从柴可夫斯基的话中，大家可以得到如何培养孩子节奏感的启迪。比如说，哄孩子睡觉时，哼哼拍拍是个好办法；播放音乐时，有意识地让孩子随着音乐的节奏左右摇动身体、上下挥动手臂也是个很好的主意。除此之外，还可以多和孩子做一些具有音乐节奏的游戏，像摇晃小铃铛、小拨浪鼓等，也可以让孩子在不知不觉中增强音乐的节奏感。

培养孩子的节奏感，可以让孩子感受到节奏在音乐艺术中的情绪，感受节奏美，并能准确地再现音乐的节奏。但培养和训练孩子的节奏感，并不是一件轻而易举的事。孩子由于年龄的特点，大脑及身体动作的节律对音乐节奏的感受不能相互协调，所以节奏感差。因此，父母需要循序渐进地通过一些简便而又富有趣味的方法，对孩子进行节奏感的培养。

一般情况下，在孩子 1 岁左右时，就可以分辨出各种不同物体所发出的声音特性，比如铃声、鼓声、钉木头等声音，这就为培养孩子的节奏感创造了条件。

这一时期，可以通过手掌的拍打声、铃声、手指敲桌子等类似的声音进行练习，如果孩子跟不上也没关系，多练习几次就行了。先发出简单的2/4拍、4/4拍，当孩子掌握之后再采用3/4拍，然后再加上音符、休止符等，来培养孩子的节奏感。

1岁至2岁的孩子可以随着音乐的节拍、速度，来学习挥舞手臂和拍手。一般父母需要选择那些节奏单纯而鲜明的歌曲，然后由父母手把手地教孩子进行打拍子。

孩子很喜欢动物的叫声，像小鸡叫、小猫叫等；还有自然界的声音，如下雨声、吹风声等。这些声音都具有非常形象的节奏，父母可以让孩子轻松地找到这些声音，并让他产生模仿这些节奏的兴趣，然后引导孩子用说话、拍手等形式表现出来。

3岁至4岁的孩子，就可以教他合着音乐的节拍，开始自己练习拍手、踏步或一些简单的模仿动作。比如，父母可以教孩子念儿歌，像"小老鼠上灯台，偷吃油下不来"之类的歌谣。也可以自己编一些，只要语言具有韵律，念起来朗朗上口即可。领着孩子边念边练，当孩子可以随着音乐的节拍拍手和踏步后，就可以让孩子自己练习了。

5岁至6岁的孩子可以在音乐的伴随下进行动作或舞蹈。这时，父母可以教孩子随着音乐的节拍、速度、情绪等完成动作，并能够随着音乐的变化而变换动作，以此来表达出音乐的情感内容。这样的练习不仅可以发展孩子的动作和节奏感，还可以促进孩子身心健康地发育和成长。

4. 抓住孩子宝贵的涂鸦艺术启蒙期

你是不是经常为孩子在墙壁、桌面上乱画而苦恼不已，甚至不惜惩罚孩子？你无非是觉得孩子破坏了家里的整洁。但是，对于孩子来说，拿着笔画出他想要画的东西，是一种愉快的体验与快乐的享受，并不是要故意捣乱。

弄脏了墙壁、桌面是小事，父母的呵斥却会阻碍孩子想象力、创造力的发展，甚至可能会因此扼杀掉一个绘画天才。如果你不希望孩子胡乱涂鸦，不妨先反思一下自己，是不是没有给孩子准备适合的涂鸦工具，有没有教孩子利用他手里的纸和笔？

妈妈发现 5 岁的龙龙总是在房间里到处涂鸦，怎么说都不听。一天，龙龙又把妈妈好不容易整理干净的房间弄脏了，妈妈朝他发火："你怎么就不能把这些乱七八糟的东西画到纸上！"

"我没有找到纸。"龙龙委屈地小声说。

听着孩子的话，妈妈才发现问题所在。然后，妈妈给龙龙准备了纸笔，让龙龙先画着，又把书房的白板挪到龙龙的房间里，给他准备了足够的笔，并和龙龙约定：以后画画只能画到这个白板上，要用旁边小盒子里面的笔画，画完后要把白板擦干净。

龙龙很听话，总是自己完成这些事情，有时候画完还会和妈妈炫耀，说这是什么什么，神情好不得意。每当龙龙炫耀自己的作品时，妈妈都会用手机拍下来，然后专门打印出来贴到白板旁边，让孩子从中获得自信和自豪感。

所以，父母要平时多留心一些，注意孩子的动向。一旦发现他有想要拿笔乱画的欲望时，就及时给他准备相应的工具与空间。这样既能保持家里的整洁，又可以满足孩子创造的愿望。

早教专家表示："涂鸦是幼儿没有绘画构思和目的，以游戏的形式进行随意画线的活动。幼儿两三岁时，给他一支彩笔，他就会在纸上随意涂鸦。这种动作练习看似毫无结果，但对幼儿的绘画发展具有重要的意义。"

一般情况下, 1 岁至 2 岁是孩子的随意涂鸦阶段。因为此时孩子的动作不协调, 只能画出凌乱的线条, 所以这一阶段又被称为未分化涂鸦阶段。这一时期, 涂鸦可以让孩子享受到肢体运动带来的快乐, 并从中练习手眼协调能力和肌肉关节控制能力。

孩子 2 岁至 3 岁, 就会达到控制涂鸦阶段。这时, 孩子已经可以做到控制自己的动作, 并达到一定的手眼协调, 可以画出上、下、左、右的直线, 所以又被称为直线涂鸦阶段。这一阶段, 孩子开始意识到纸上的涂鸦是由自己的动作产生的, 然后会对此不断地练习。在练习的过程中, 可以让孩子获得能够自我控制的自信。

孩子 3 岁时 4 岁时, 属于命名涂鸦阶段。这时, 孩子就会一边画, 一边说自己画的是什么。这说明孩子对画画已经有了明显想要表达的意图, 开始有目的性地涂鸦。孩子在这一阶段对涂鸦的练习, 可以促进孩子的思考能力与语言能力的结合。一般这一阶段被认为是孩子开始接受艺术教育的最佳时期。

当孩子 4 岁至 6 岁时, 孩子就会有意识地开始去创造形体, 并尝试利用一些自创的艺术语言与外界沟通。这一阶段就是孩子对艺术的前样式化期, 孩子可以通过这一阶段的艺术实践学会思考和观察, 发展自己的认知能力。

需要注意的是, 也许你觉得孩子画得一点都不像, 但也要忍住当一位观众。必要时, 口头鼓励他或和他一起画, 但不要手把手教孩子画你认为对的形象。

就像一个 3 岁的孩子想画小兔子, 父母必须要注意的是: 不应该用脑海里所谓正确的兔子形象来影响孩子的思维, 如果孩子说他画不出来, 你可以问他:"你想画一只什么样的兔子?"

用这样问答的方式来慢慢地引导孩子, 给他营造一个故事的情境, 引导孩子去想象那个画面, 在那个画面里可以包含着这样的问题: 兔子住在何处, 它在做什么, 它在想什么事情? 在这样的问答中, 父母就可以将孩子对兔子的喜爱转换成一种想象力。

当然,这样的方式只是让孩子透过故事进行想象,最后不管他画出什么样子,哪怕是三头六臂的怪物或只是简单的几个大圈圈,你都得接受,也不要有任何的批评,只要分享他所创造的故事就可以了。

这一点是很重要的,尤其在孩子6岁以前都不应该特别强调正确形象的描写力,不然的话,后果可能就是他以后什么都画不出来了。

虽然当孩子随手抓起笔涂鸦时,你看不出来他在画什么。但是,孩子的神情看起来愉快,比平常时间安静、专心。这就是一个很好的涂鸦启蒙开始。

作为父母,你的工作就是给孩子创造一个宽松的环境,让他去尽情地发挥自己。

比如,装修的时候,不妨给充满创意、天马行空的小朋友留一面自由创作的墙壁。推荐直接涂刷于儿童房墙壁一角,墙面的内容由孩子们自行决定。同时,随着年龄成长变化,每天都有不同的风景,不必另外更改空间设计。

但要注意,传统的黑板漆大多为油性漆,含有甲苯等有害物质,长时间接触会对孩子健康造成影响,挑选时应选择无毒水性配方者,保证环保、健康,耐久度高。

5. 学钢琴的最佳年龄是几岁

孩子才2岁,爷爷奶奶就自作主张为他买了一架钢琴。妈妈觉得这时候就让孩子接触钢琴不好,太早了一些。现在孩子的小手连拿东西都不稳当,弹钢琴就更不可能了。

但老人觉得:让孩子先玩起来,哪怕瞎弹也是一种熟悉,然后经过朝夕相处,孩子就会觉得弹钢琴是件天经地义的事情。妈妈担心孩子会因为不懂乱弹而形成错误的习惯,又劝服不了老人,只好尽力隔绝孩子与钢琴接触。

很多人都觉得学钢琴的最佳年龄是越早越好。看看音乐史上诸多名家，无一不是从小就开始学习钢琴的。比如，莫扎特 3 岁学琴，贝多芬 4 岁学琴，肖邦 6 岁学琴，舒曼、李斯特、勃拉姆斯等许多伟大的音乐家也都是从幼儿时期就开始学习钢琴了。

既然如此，是不是意味着孩子学钢琴的年龄是越早越好呢？

煦煦的妈妈看到别人家的孩子都早早地去上钢琴课，也着急了。于是，原定 5 岁再让煦煦学琴的妈妈，在煦煦还不到 4 岁时就将他送到了钢琴学习班。

煦煦上了两节课后，她发现老师并没有教孩子弹琴，而是让孩子听。问过老师后，妈妈才知道，这个年龄段的孩子因为手指刚刚发育完善，并且比较多动，需要先让孩子感受课堂的氛围，然后再慢慢让孩子接触钢琴。

国外音乐心理学家调查表现：一般来说，3 岁以前出现音乐能力的男孩为 22.4%，女孩为 31.5%；等到孩子 3 岁至 5 岁时，男孩为 27.8%，女孩为 21.8%；当孩子 6 岁以后，无论是男孩还是女孩，其音乐能力都无法达到 20%，并且会越来越低。从数据中可以看出，音乐的启蒙教育越早越好。

但是，学习钢琴不仅需要孩子对音乐的能力，还需要从孩子的生理及心理角度进行多方面的考虑，孩子在 5 岁以后，大脑的发育，以及注意力、认知能力、理解力等方面才会具备一个良好的前提。

由此可见，学习钢琴并非越早越好，如果孩子的骨骼、关节还未完全发育成熟的话，过早地练习钢琴，有可能会影响到孩子手部骨关节和韧带的生长发育，甚至还可能导致骨骼发育畸形。因此，有专家建议：5 岁以下的孩子最好不要安排正式学习钢琴。

许多幼儿钢琴老师同样表示，年龄稍大的孩子因为接受能力更强、自觉性更高，所以学习进度也会更快，甚至于学 1 年可以超过 4 岁的孩子学几年。一般孩子到了 5 岁时，他的皮质细胞已经大致分化完成，中枢神经系统更趋成熟，肌肉的发育也更加完善，这些良好的生理条件是学习钢琴的先决基础条件。因此，通常认为女孩在 4 岁至 5 岁是学钢琴的最佳年龄，男孩则在 5 岁至 6 岁为最佳。

不过，因为每个孩子之间都会存在很大的个体差异，身体条件和智力发育情况也不尽相同。因此，父母需要根据自家孩子的具体条件决定学钢琴的年龄。

比如，一个 3 岁的孩子，虽然年龄不大，但手部骨骼及身体的发育都已经很好了，并且在能力、智力、听力方面都有较好的辨别能力，可以让他学习钢琴。相反，一个 5 岁的孩子，如果还没有达到这些基本要求，就需要等具备了这些条件再开始学琴。

确定了孩子学习钢琴的最佳年龄，还需要了解一下学钢琴的好处，知道让孩子学钢琴不仅仅可以让孩子表现得多才多艺，对孩子的其他方面也会产生良好的发展。

在学习钢琴的过程中，孩子除了可以学习许多音乐知识以外，还可以从中得到注意力、协调力与自信力的发展。对此，美国音乐教师鲍德温先生还专门作过这样一个简明而透彻的分析。

首先，孩子可以通过眼看单行乐谱，手弹单指旋律，训练自己的一般注意力。

其次，孩子可以通过眼看单行乐谱，用右手弹奏两三个音符组成的旋律，训练自己较强的注意力。

再次，孩子通过眼看两行乐谱，用左右手弹奏出各自不同的声部，训练自己的高度注意力与协调力。

最后，孩子通过眼看两行乐谱，用脑的同时兼顾到双耳、双臂、十指、双腿及双脚的动作，以弹奏出乐曲，训练自己高度精确的注意力和协调力，从而产生自信力。

6. 陪孩子去户外，大自然是最好的老师

"小朋友们，谁能告诉老师花生是长在树上还是土里？"一位幼儿园的老师问班里的孩子们。

"肯定是结在树上，像香蕉一样一串一串地挂在上面。"

"不对，应该是像胡萝卜一样埋在土里。"

"不对，是结在树上的。你看花生那么干净，要是长在土里，应该很脏。"

十几个孩子中，大多数人觉得花生长在树上，还有一部分对于这个问题一脸茫然，根本不知道花生到底长在什么地方。

美国作家理查德·洛夫在《丛林中的最后一个孩子》一书中提出"自然缺失症"的概念，他表示：现在的孩子们大多被高科技所包围，已经丧失了亲近自然的本能，这是令人感到悲伤的。

在充满沥青和混凝土的城市中长大的孩子，因为远离了大自然，所以对于大自然中的事物一无所知。很多父母都觉得：孩子只要学习好就行，其他方面差点也没什么关系，能否让孩子去野外接触大自然就显得更不重要了。

事实上，大自然对孩子的影响并非无关紧要，恰恰相反，它才是让孩子获得聪明才智的源泉，也是培养孩子获得生存能力的基地，是孩子最好的老师。

达尔文因为整个少年时代都在大自然中玩耍，才认识了许许多多的昆虫，然后在与昆虫打交道的过程中成了伟大的生物学家。

其实，只要观察一下就可以发现，很多成功者都喜欢大自然、亲近大自然，大自然不仅可以引起他们的好奇心，还可以增强他们的想象力，更能够激发他们的创造性。

对于 3 岁至 6 岁的孩子来说，正是对这个世界充满好奇心和求知欲的时候。这时，父母应该陪着孩子到户外去，在大自然里也能学习，而且学到的都是书本上无法找到的东西，那些活生生的事物要胜过童话书和绘本。

在与大自然接触的过程中，不仅可以加深孩子对事物的认识，还能够激发孩子的想象力和对学习的兴趣。并且，在户外往往需要住在没有日常便利的地方，这时就可以在孩子享受户外生活的同时教孩子一些野外生存技法，增强孩子的野外生存能力。

芳芳还不到 6 岁，爸爸妈妈希望孩子可以经常接触大自然，所以常常带她到户外走动。这个周末，父母又带着她出门了。

那是一个满是花朵的绘画营地，随处可见的百合、栀子、三角梅，还有大大的荷塘。走在阡陌纵横的小路上，闻着空气中传来或浓或淡的清香，芳芳觉得整个人都鲜活起来。

在这里，芳芳高兴极了，不停地指着路边的花草问："妈妈，这是什么？""爸爸，那个花为什么是倒着的？""看，荷叶上有水珠在滚，好神奇！"

然后，爸爸妈妈就会告诉她："这是栀子，和刚才的小株是一种花，只是品种不同。""这是铃兰，又叫风铃草，是一种具有药用的植物。"

回到家后，爸爸妈妈还会询问芳芳今天都有什么收获，并把见到的植物回忆一下，找到完整的资料，巩固这方面的知识。

带着孩子到户外去，给孩子一个不一样的假期，既可以让孩子享受到快乐，也可以让孩子在体验自然中成长，何乐而不为。

可能很多家长都不理解，大自然中不外乎是些花花草草，没什么好玩的。下面给大家介绍几种适合在大自然中玩乐的亲子活动。

第一，大自然是最好的老师，带着孩子去观察和感受它的神奇魅力时，可以事先做个收藏盒去采撷各种自然元素，像石头、泥土、树叶等。这时，充满好奇心的孩子一定会问许多问题，然后父母就可以带着他一起去学习和寻找答案，一点点揭开大自然的神秘面纱。

第二，大自然中的许多素材都可以做出神奇的作品。比如，摆弄几根木棍，加上几块石头，就是一架小飞机；捡几根树枝，交叉在中心点处固定，然后用布条一圈圈把它缠起来，就可以体会到古老的编织艺术。

第三，当夏季的光照时间越来越长时，可以和孩子一起观察影子在不同时间段的变化。在这样真实的生活经历和体验中，孩子一定会有更深的感触和理解。

第四，带上锅碗瓢盆到户外去，找个天然的场所，呼吸着清新的空气，有野草、有昆虫、有小溪，带着孩子进行一次幸福快乐的野餐是非常棒的体验。

适合户外的游戏还有很多，父母可以根据不同的自然条件，为孩子创造出许多可以尽情玩乐的活动，让孩子在不知不觉中获得知识和成长。

7. 引导孩子观察和发现身边的美

每个孩子在刚出生不久之后，就拥有了想要认识这个世界的欲望，他们的眼睛可以捕捉到最鲜艳、最醒目的颜色。这样的颜色对他们来说就是美的。

当孩子2岁至3岁时，他们对美的认识会停留在大红大绿等鲜艳明快的颜色上。在他们眼中，红红的蝴蝶结、红红的衣服、红红的花、红红的太阳等，都是最美的。

当孩子慢慢长大，他们的生活经验更加丰富，情感也更加丰富，他们在自己的世界里不知疲倦地游戏、涂鸦、玩闹，用他们独特的视角来看这个充满新奇的世界。这时，作为家长，需要引导孩子去发现生活的美，去感受生活的赐予，传递给孩子正能量。

妈妈喜欢带着6岁的晓晓一起观察身边的环境，引导孩子发现其中的美丽，收获知识。比如，妈妈会选一棵小区里的树，和晓晓一起把同一棵树在不同季节里的情景拍成照片贴到门上，让晓晓观察它的变化，了解季节对树木影响的知识。

家里养了一些小动物，有鱼、乌龟、狗。妈妈常常为她提供一些和动物相处的经验，让孩子在与动物相处的过程中了解这些动物的习性和特征。

妈妈会定期带晓晓去动物园或水族馆，让她有机会熟悉不同的甚至奇异的动物和鱼类。通过这种方式，引导晓晓关注大自然，仔细观察周围的物理环境等。

妈妈还在家里种植了许多花卉植物，带着晓晓一起给它们浇水、施肥等，让晓晓看到自己的劳动可以带来的成功，享受花开时的美丽，并了解到相关的知识。

罗丹说："生活中不是缺少美，而是缺少美的发现。"确实，春的嫩芽、夏的绿荫、秋的落叶、冬的白雪，生活中，父母要有一双善于发现美的眼睛和有一颗温柔细腻的心，引导孩子去观察、发现生活中的美，并发现生活中有意义的事情，才能让生活之花在孩子的眼睛里绽放。

当然，单纯的认识还是不够的，孩子在接受新事物时的能力总是快速而积极。所以，父母需要给孩子传授必要的知识，让他真正学会欣赏自然、懂得审美。

小时候，骆宾王住在一个小村子里，村外有一口名叫骆家塘的池塘。每到春天，池塘边柳丝飘拂，池水清澈见底，水上鹅儿成群，景色格外迷人。

一天，家中有客人来做客，见他一副聪明伶俐的样子，就有心考考他。问了几个问题，骆宾王皆对答如流。后来，他陪客人走到骆家塘时，客人就指着池塘里的鹅让他赋诗一首。

骆宾王思索片刻，便有了流传至今的《咏鹅》佳作："鹅鹅鹅，曲项向天歌。白毛浮绿水，红掌拨清波。"

这首诗作于骆宾王的儿童时期，面对极其平常的家鹅嬉水场景，小小年纪的骆宾王却以形象、简练的语言描摹出一幅生动的画面。这就说明他不但具有观察自然美的能力，还具有感受和表达能力，而这与他平日所受的知识熏陶是分不开。

由此可见，父母在让孩子身临其境感受自然美的同时，还需要为其传授必要的知识，让他们对身边的美丽逐步具有理性认识。比如当父母带着孩子到海边玩耍时，面对波澜壮阔的大海，父母可以为孩子讲述比如精卫填海、龙王降雨等古代传说故事，启发孩子去发现美、欣赏美。

除此以外，父母还可以在生活中的许多地方帮助孩子发现美。

首先，要让孩子走出家门，用自己的眼睛去看，用自己的心去感受。对美的发现是一种与生俱来的能力，在孩子清澈的眼睛中，总能捕捉到并发现美。

其次，当孩子发现的美与他的生活经验相联系时，他才能理解美的内涵，进而让他的审美想象得以释放，成为孩子生活环境的一部分。

然后，孩子天生具有创造的本能与潜力。比如，橡皮泥可以雕塑，各种布类可以拼搭，各类包装纸可以撕贴。引导孩子将这些材料交叉使用，就可以使之变成无数美的表现。父母可以帮助孩子建立起一定的创造意识，用欣赏生活的态度让孩子来发现美，让他学习主动获得信息、整理和处理材料，并加以利用和创造。

最后，引导孩子对美的发现，也可以引申为引导孩子观察生活细节。在这个过程中，孩子自然而然就可以发现身边的美。

第九章　社会智能，培养处处受欢迎的孩子

1. 让孩子学会礼貌用语

常用的礼貌用语包括称呼语，比如爷爷、奶奶、叔叔、阿姨；问候语，比如您好；致谢语，比如谢谢；回敬语，比如不客气；致歉语，比如对不起；询问语，比如给我玩一会儿可以吗？接待语，比如欢迎、请喝茶；赞美语，比如太棒了、你真漂亮等。

常常把这些礼貌用语挂在嘴边的孩子人见人爱。父母也特别希望把自己的孩子培养成见人主动打招呼、守规矩、有修养的小绅士、小淑女。但事情往往不那么简单，比如不管是到别人家做客或在公共场所与人打招呼，尽管父母会引导孩子与人打招呼，但孩子似乎不那么情愿。

比较不怕生的孩子，还顺着大人，腼腆地问声好。个性较为内向、敏感的孩子，就一边抿着嘴一边往后缩，不说就是不说。

站在一旁的父母也觉得尴尬，觉得自己没把孩子教好，忍不住开始以责备的口吻说着"小孩子不可以这么没有礼貌"之类的话。然后继续强迫孩子打招呼，结果孩子越是不愿意开口。

其实，在孩子很小的时候，并不懂得礼貌是什么。但这并不意味着父母要等到孩子大了懂事了才教给孩子礼貌。

礼貌教育越早越好，爸爸妈妈要想使孩子获得讲礼貌这张人际交往的通行证，就要从日常生活的点点滴滴入手。

阳阳的妈妈在他半岁左右就开始有意识地对孩子进行礼貌教育。比如有亲朋好友前来探望，每当和客人告别时，妈妈都会在阳阳耳边说"再见"。然后轻轻地晃动他的小手，教他动作。

当阳阳 1 岁左右，妈妈就开始教阳阳一些简单的礼貌用语，如"谢谢""再见"等，边教边配上简单的手上动作，加深阳阳对这些礼貌用语的印象。

伴随着阳阳逐渐长大，妈妈开始把日常礼貌用语有意识地加入亲子间的交流中。比如当阳阳在搭积木时，如果妈妈不小心把他搭好的城堡碰倒了，妈妈会立刻和阳阳说："妈妈不小心碰倒了你的积木，宝贝，对不起。"然后接着表扬一下他没有哭鼻子的行为，再说："宝贝你看，这里并不是搭城堡的地方，差点让妈妈摔倒了。宝贝应该和妈妈说'对不起'，知道吗？"

在妈妈的教育引导下，4 岁的阳阳可以准确地说出"谢谢""你好""请"等礼貌用语，有时遇到熟人还会主动跟人打招呼。

对于尚不会语言表达的孩子，爸爸妈妈也可以经常逗他"笑一笑"，鼓励他多在家人与熟人面前笑，让孩子知道微笑是向人表示友好的一种方式。

所以说，让孩子学会礼貌用语，与父母平时的教导是分不开的。并且父母若想让孩子学会使用礼貌用语，自己在平常说话时就需要注意讲礼貌。

当孩子给你帮忙时，别忘了说声"谢谢"；对孩子提出要求时，要使用"请你"；在你打断孩子的游戏、活动时，要说"对不起"或"你能不能……"。当孩子在家里经常听到这些礼貌用语，自然而然就会说了，然后才能在外人眼中表现出良好的教养。

当然，有的孩子可能比较羞涩，不愿意主动和别人问好，见到陌生人时，也总是喜欢躲在妈妈背后。这时，父母最好不要强迫孩子和人打招呼，而是应该先消除孩子胆怯害羞的心理。

妈妈牵着4岁的涵涵在商店遇到好友，然后，妈妈就向涵涵介绍说："涵涵，这是李阿姨，是妈妈的朋友。"涵涵有点害羞地向阿姨笑了笑。见此，妈妈并没有坚持让女儿和阿姨打招呼，而是继续和对方说话。朋友离开前，妈妈和对方说："再见，有时间去家里坐坐。"阿姨微笑着答应，并专门对涵涵说："涵涵再见。"涵涵也腼腆地说："阿姨再见。"

爸爸妈妈们可以像涵涵的妈妈一样，先介绍大人给孩子认识，并给孩子亲身示范如何与人问候，孩子自然就可以学会礼貌用语了。

除此之外，父母还可以专门带孩子拜访朋友，根据现实生活场景教会孩子说"叔叔好"或"阿姨好"。当孩子说出来后，父母要及时附和、肯定孩子"有礼貌、真乖"，对孩子进行鼓励，然后继续督促孩子这样做。久而久之，孩子见了熟人就会自觉地用礼貌用语了。

父母也可以利用家里有客人的机会来训练孩子讲礼貌。比如，在客人进门的时候，教孩子舞着小手说"欢迎"，并对客人问好。稍大一点的孩子，父母就可以尝试着放手让他摆糖果、拿饮料。如果有小朋友来做客，就可以让孩子做个好客的小主人，让孩子主动拿出自己的零食、玩具和小朋友一起分享，不和小朋友争吵。另外，父母需要提前和孩子约定，不可以借着有客人在，就提一些额外的要求，或者无理取闹。

运用类似这样的方式，让孩子多与外界接触，父母就能够逐渐帮助孩子学会礼貌用语，增强他的交往能力。

2. 学会接受孩子的爱

早上，4岁的孩子拿着苹果对正在打扫房间的妈妈说："妈妈，休息，吃苹果。""不用了，你吃吧，没事就去看看童话书。"

饭后，5岁的孩子对正在洗碗的妈妈说："妈妈，我帮你洗。""谁要你帮忙，将来想当厨师呀，那多没出息。"

晚上，6岁的孩子给正在看电视的爸爸端了一杯水过来，说："爸爸，喝水。""这么晚了还不睡，你是借倒水出来看电视的吧，赶紧去睡觉。"

太多孩子心中萌发的爱就这样被父母浇灭了，等到孩子变得有东西自己吃、从不帮忙干家务、不愿意与大人交流时，父母就会发现，孩子在不知不觉间竟然成了这样的人：冷漠、不懂得心疼父母、不知道为别人着想。

其实，爱就是一个大口袋，如果装进去满足，就会拿出来成就感和幸福感。很多时候，父母只一味地向孩子施爱，孩子并不会觉得甜，还会养成一些不好的习惯。若父母学会接受孩子的爱，孩子们就能够得到自我价值的体现，进而从中获得无比的幸福和快乐。

妈妈带着4岁的沐沐走在街上，看见这样一家场景：一个和沐沐差不多年纪的小女孩高高地举着手，让妈妈吃自己手里的零食，那个妈妈却笑着说："宝贝快吃吧，妈妈不要。"

沐沐看到后，也学着小姑娘的样子，把手里的草莓味面包送到妈妈嘴边，谁知妈妈眼睛一转，一口就咬下一块。沐沐看了看手里的面包，又看看妈妈，然后开心地笑起来："妈妈，真好。"

父母爱孩子，孩子也希望自己爱父母。如果拒绝，就是在遏制孩子爱的萌动，带给孩子一个错误的想法：父母是不需要孩子的爱的。

所以，当孩子主动向你表达爱时，像"妈妈喝点水""爸爸我给你捶背""妈妈我帮你扫地"之类。父母要学会欣然接受，使孩子的爱心有机会得到发挥，获得快乐。

想想看，当孩子满怀欣喜地给你吃自己最喜欢的面包，如果你咬上一口，孩子的脸上一定会写满成就感；当你在做家务时，只要接过孩子为你递过来的抹布，孩子的脸上一定会挂着灿烂的笑容；当你坐在孩子为你搬来的小凳子上，在孩子的笑容里就能看到满足感。

放学后，5岁的媛媛兴冲冲地跑向妈妈，大声地对妈妈说："妈妈，你快看。"妈妈看着女儿两只小手捧在一起，里面好像藏着什么珍贵的东西，就笑眯眯地问："宝贝要给妈妈看什么?"

媛媛小心翼翼地打开两只小手，说："这是老师帮我做的小星星。"媛媛兴奋地给妈妈介绍着她拿在手里的小星星。

"很漂亮吧，我最喜欢这个星星了，送给妈妈。"看着女儿亮晶晶的眼睛，妈妈觉得自己的心都要化了。于是，妈妈也小心翼翼地接过女儿手里的星星，并仔细把它收藏起来，说："谢谢宝贝送给妈妈的礼物，妈妈很高兴。"

有人说："孩子的爱心是稚嫩的，你在乎它，它就会长大；你忽视它，它就会枯萎；你打击它，它就会死去。"所以，如果父母想拥有一个富有爱心的孩子，就请培养、呵护孩子的爱心。接受孩子给你的爱，让孩子在付出爱的同时，学会珍惜，并获得满足和幸福。

爱是一种双向的交流，当父母在施与孩子爱时，不要忘了接受孩子的爱。学会接受孩子的爱，让孩子知道："弱小"的你，是需要得到他们的帮助和保护的，在孩子小小的心里埋上责任的种子，将来他们才能负担起自己肩上的重担。

学会接受孩子的爱吧，因为施比受更有福。学会接受孩子的爱，给予他们爱的权力和机会，让孩子在给予爱中，获得自我价值的实现，找到自信和成就感。

3. 再小的孩子也该懂礼让

"我要先玩这个飞机""凭什么要让你先拿""这是我的苹果，才不要让给你吃"。面对孩子种种不懂礼让的行为，大多数父母都会觉得：没关系，现在孩子还小，等他长大自然就懂了。

贝贝才4岁多一点，却喜欢吃独食、抢玩具。面对孩子这些不好的行为习惯，妈妈觉得没什么大不了的，谁家孩子都会这样，根本没有必要专门教导，孩子长大些自然就懂事了。

一天，朋友带着3岁的心心来做客，妈妈就把贝贝的玩具拿出来，让孩子和心心一起玩，自己和朋友坐在不远处的沙发上聊天。没一会儿，就听到两个孩子震耳欲聋的哭声，回头一看：贝贝坐在一边，怀里抱着他的机器人大声地哭；心心小手捂着脸坐在另一边，同样哭得上气不接下气。

两位妈妈发现，心心的脸上被抓出了一道红痕。好不容易把孩子哄住，才知道：心心想玩一会儿机器人，但贝贝不给，就把心心的脸抓了。贝贝的妈妈觉得很不好意思，就训斥贝贝："你怎么这么霸道，不是让你和妹妹一起玩儿吗？你看你都把妹妹抓疼了，还好意思哭。给妹妹道歉。"

谁知，贝贝大声朝妈妈喊："我不！我就不给她玩，这是我的，凭什么给她玩儿。就不给，就不给。"贝贝的行为让妈妈尴尬极了，只好不停地给朋友道歉，然后让两个孩子分开玩。

因为孩子还小，所以不懂礼让是正常的，这其实是一种错误的认识。要知道，再小的孩子也该懂得礼让。同样地，正是因为孩子的年龄还小，才是对孩子进行品德教育和行为习惯训练的好时机。

所谓"小孩子就像一张白纸，可以画最好的图画"，说的也正是这个意思。因为孩子年龄越小,他的感受能力就越强,可塑性也就越强。如果在这种时候对孩子进行行为规范的训练,作用最明显,效果自然最好。

妈妈一直很重视旭旭行为规范的培养,比如为了让旭旭养成良好的习惯,学会礼让,妈妈就从身体力行开始做起。比如在等电梯的时候,妈妈总是会对身边的人说"您先请";买东西时,如果和别人挑到一样的,她会说"没关系,你先拿";有客人来,妈妈也会把洗好的水果让旭旭端出去,并让他说"大家一起吃",等等。

久而久之,旭旭也把这种行为习惯学得有模有样的。有时候,旭旭和妈妈出门,他会主动让别人先上电梯;在公交车上,他会主动给老人让座;有小朋友来家里玩,他也会把自己的玩具拿出来,让大家一起玩儿。

妈妈看到旭旭的做法,就会趁机表扬他:"旭旭真棒。"

想要教会孩子懂得礼让,父母就要先以身作则、礼让待人,然后才能让孩子明白礼让的道理。并且,父母对于孩子的礼让行为,要适时地给予夸奖和鼓励,这样孩子才会知道:自己的好表现会得到你的肯定和鼓励,应该坚持下去。

一般情况下,父母可以根据孩子的不同年龄来培养他的礼让行为。

对于2岁以前的孩子,父母需要言传身教。因为这一阶段的孩子与社会的互动方式主要是模仿,所以父母可以通过亲身示范的方法,教会孩子礼让的行为。例如,父母与人交流时都会用尊敬、谦让的语言,像"您先请""您先拿"之类。孩子就会无意识地模仿并内化为自己的行为。当他遇到相似的情况时,就会自然而然地学习父母的做法。

对于2岁至4岁的孩子,父母需要交给孩子对与错。这一阶段的孩子已经可以听懂一些简单的语言，父母要明确告诉孩子"要和小朋友一起玩皮球""要让爷爷先上电梯""要把苹果分给大家一起吃"。并用孩子可以听明白的语言向他解释为什么要这样做。

对于4岁至5岁的孩子，父母就要对他的不礼让行为进行及时纠正。因为这一阶段的孩子制止力还不是很强，还需要父母向他们反复强化礼让行为。比如，当孩子不愿意和别人一起玩积木时，你完全可以告诉他："宝贝，两个人一起玩才可以更开心，你们可以比赛看谁搭得好。"让孩子知道，他的礼让行为不仅可以带给别人快乐，也可以让自己获得快乐。

培养孩子的礼让行为是一个潜移默化的过程，父母需要从小就对孩子进行教育并长期坚持，才能让孩子养成礼让的好习惯。

4. 鼓励孩子与人打招呼

父母都希望自己孩子可以表现得懂礼貌、嘴巴甜，所以在带着孩子出门的时候，就会不停地让孩子"叫爷爷""叫奶奶""叫叔叔""叫阿姨"，催促着孩子跟对方打招呼，如果反抗拒绝就是让父母丢脸的行为，不是好孩子。

3岁的楠楠比较腼腆，妈妈觉得孩子应该活泼开朗一些，所以就常常带着孩子到小区广场上和其他人交流。每次下楼之前，妈妈都会不停地交代楠楠要和人打招呼，年纪大的叫爷爷奶奶，和爸爸妈妈差不多的就叫叔叔阿姨，等等。

一天，她们在楼下碰到一个一个月也碰不到一次的邻居，妈妈对她表现出了极大的热情，然后把自己的孩子推到对方面前，鼓动孩子打招呼。孩子还没开口，对方就先说："哇，这孩子都长这么大了。"在孩子还没有反应过来的时候，对方马上又说："你家孩子真乖。"试图避免孩子不开口的尴尬。

妈妈礼貌地和对方点头道别,转身就严肃地对孩子说:"你怎么不知道叫人啊,不是都教你了吗。"楠楠张张小嘴,还是沉默了。

其实,像这样的呵斥行为,不仅无法起到鼓励孩子打招呼的作用,反而会让孩子的自尊心受创,渐渐越来越无法开口。

想要让2岁至6岁的孩子学会和人打招呼,最关键的一点就是尊重孩子,而最有效的办法就是通过自身示范和引导,用耐心鼓励孩子开口。

尤其是对年纪小的孩子来说,在遇见不太熟悉的人的时候,第一反应往往是警戒与退缩。这时,父母最好不要不由分说地把孩子推出去,或者责备他"怎么不叫人""这样是没礼貌的",等等。而是应该用循序渐进的方式来鼓励孩子与人打招呼,比如父母可以先微笑着把孩子和熟人介绍一下,然后再自然地把孩子拉入成人的社交圈。

妈妈牵着4岁的芸芸在街上遇到好友。两人寒暄几句后,妈妈对孩子说:"芸芸,这是张阿姨,和阿姨打个招呼吧。"然后,张阿姨在孩子面前蹲下来,笑着对她说:"你好,芸芸,我是张阿姨。"张阿姨等了一会儿,看到孩子只是对她腼腆地笑了笑,才对芸芸妈妈说:"你家孩子好可爱。"

两人又聊了一会儿,张阿姨在离开前轻轻地摸了摸芸芸的头,说:"芸芸好可爱,阿姨要回家了,芸芸再见。"妈妈也对芸芸说:"跟张阿姨说再见,芸芸要不要抱一下张阿姨?"芸芸有点害羞地和张阿姨说再见,然后走到张阿姨跟前抱了她一下。

这也是一个比较羞涩的孩子,但因为妈妈和张阿姨都给予她一定的尊重和空间,也没有强迫孩子马上回应。像这样鼓励孩子打招呼的方法,几次之后,孩子就可以自然地和那些偶然遇见的熟人打招呼了。

一般情况下，父母可以运用这样的方法来鼓励孩子打招呼：

（1）培养孩子的自信心

如果孩子不愿意和陌生人打招呼，可能是因为父母的管教过严，导致孩子不愿接近陌生人。这时，父母就要注意一下，最好不要用自己孩子的缺点去和其他孩子的优点比，要欣赏孩子的优点，进而鼓励孩子，使孩子产生信心，与人打招呼。

（2）有意识地锻炼孩子的胆量

父母可以试着让孩子自己待一会儿，或者让孩子独立完成一些事情，通过这些事，锻炼孩子的胆量，让孩子看到自己的能力，渐渐地再让孩子学会向别人打招呼。

（3）注意培养孩子的社交能力

孩子在 3 岁左右的时候，就开始具备一定的辨别能力和一定的语言交际能力。比如，这时的孩子会知道有皱纹和白发的老人是爷爷奶奶，与爸爸妈妈年龄相仿的人是叔叔阿姨。这时，父母需要给孩子一定的空间，不要对孩子过分保护，可以通过让孩子帮忙招呼客人等方式，鼓励孩子与人打招呼。

父母在外出时也要尽量带着孩子，让孩子和成人一起参与社交活动和人际交往，鼓励孩子接触陌生的环境，通过身体力行的方式来鼓励孩子与人打招呼。

如果孩子实在不愿意招呼人，也不要直接说孩子不懂礼貌。而是应该慢慢引导，给孩子时间来适应新的事物和环境。同时，在孩子偶尔和谁打招呼时给予夸奖："孩子真有礼貌。""你看，跟阿姨打招呼，阿姨多喜欢你啊。你做得真棒。"鼓励孩子做得好的地方，以此来提升孩子的信心，渐渐习惯与人打招呼。

5. 孩子怕与陌生人接触怎么办

很多家长都希望自己的孩子可以热情地和自己的朋友、同事打招呼，父母却不曾注意到，这对于孩子来说其实是很难的。因为在面对陌生人的时候，孩子都会产生一种害羞的心理现象。

"从心理学角度而言，害羞属于人类的自卫策略。"所以，害羞是孩子会产生的正常现象。据统计，大约有 1/5 的孩子天生就害羞。有专家经过研究表明：一般孩子在 6 至 7 个月后，见到陌生人就开始变得不怎么爱笑；7 至 9 个月的孩子在见到陌生人的时候会显得紧张；当孩子再大一点，就更习惯于跟自己熟悉的家人玩耍，排斥与陌生人接触。

但专家同时强调：如果孩子过分害羞，就可能对今后的人际交往造成影响。比如害羞的人通常自卑感很强，并且不善辞令，容易临阵胆怯等，面对生活中的压力或冲突也容易没有信心去解决。所以，在孩子性格形成的关键期，父母还是要采取一些正确的方法，来帮助孩子跨过"害羞"的障碍。

依依是个特别内向的女孩，见到生人总是不敢抬头打招呼，在幼儿园里也从来不主动发言，老师和她说话时她就会赶紧低下头。面对女儿这样过分的害羞行为，妈妈很担心会对孩子的将来产生不好的影响。

为此，妈妈专门请教了早教方面的老师，希望可以解决孩子的性格问题。老师建议妈妈要注意增强孩子的自信心，可以给孩子创造一些口头表达和表演的机会，对孩子多鼓励、少批评。

于是，妈妈开始经常性地和依依玩一些角色游戏，像"我去幼儿园""阿姨来我家""买东西"之类的主题游戏，让孩子可以练习不同场合的应对方法，并对孩子的应对进行肯定和赞扬，如"对，就是这样""依依真棒"，等等。

出门如果遇到认识的人，妈妈会很正式地把依依介绍给他们，同时也让依依知道对方是谁。如果孩子不肯与人打招呼，妈妈也不会对她生气，只是在事后告诉依依，可以向对方点头微笑，这也是打招呼的方式之一。如果依依和对方问好，妈妈就会及时表扬她："依依真棒，下次继续加油。"

此外，妈妈还会时不时邀请同龄的小朋友到家里来做客，让依依独自和大家一起玩并招待这些小朋友。通过对孩子进行这样自理能力的培养，依依渐渐变得开朗起来。

面对孩子的害羞，父母需要多做一些功课，通过鼓励的方式让孩子获得心理上的自信。在这个过程中，父母需要注意一下对孩子的态度，不要动不动就情绪不稳定，也不要让孩子长时间见不到妈妈，或者对孩子说"再这样就不要你了"之类的话，让孩子缺乏安全感。

父母一定要注意：千万不要给孩子贴上"害羞"的标签，说"我家孩子比较害羞"这类语言，这会加深孩子对他人的恐惧，比害羞本身更有害。

除此之外，父母还可以这样来解决孩子怕生的现象。

第一，在孩子还不能认人的时候，父母就要有意识地让孩子接触更多的人。比如，让其他人照顾孩子，给他喂奶、喝水，陪她玩耍、说话等。这样可以让孩子更好地适应与陌生人交往。

第二，在孩子可以认人以后，父母就要从孩子比较熟悉的人开始，慢慢扩大孩子的交往范围。比如，当孩子习惯和妈妈以外的人交往时，就要让孩子接触更多熟悉的人及少许陌生人，等熟悉了陌生人的环境后，再扩大陌生人的接触范围，逐渐提高孩子适应陌生环境的能力。

第三，父母在解决孩子的怕生问题时，切忌急功近利。有的父母可能会说"叫了阿姨就给你吃巧克力""你不肯叫人，妈妈不喜欢你了"诸如此类的话，这就会给孩子一种负面的能量，加剧孩子的排外心理。所以，在孩子遇到不认识的人时，父母可以先将陌生人正式地介绍给孩子，然后用愉快轻松的态度和对方交谈，通过这样的方法来帮助孩子消除顾虑，缓解害怕的心理。

第四，父母可以让孩子先接触同龄的孩子，在通过小朋友来接触陌生人。比如，带孩子到户外玩耍或去亲戚家做客时，父母可以先抱着孩子和阿姨家的小朋友打招呼，玩一会儿游戏。让孩子感觉到，除了父母之外还有很多人和蔼可亲，不必害怕。

第五，父母可以通过观察发现孩子感兴趣的事物，然后根据孩子兴趣来培养他的特长，让孩子有更多展现自己的机会，逐渐增强孩子自信心，等孩子的自信心增强了，怕生的心理自然就会逐渐减弱。

6. 让孩子在幼儿园交到好朋友

大多父母都希望孩子具有健康、活泼、开朗、自信、随和的性格，但因为各种各样的原因，有一些孩子依然表现出性格孤僻的特征。

比如，当幼儿园里的其他小朋友都在玩得热火朝天时，性格孤僻的孩子只是静静地站在一旁看着。他们习惯独自玩耍，很安静，但也很胆小，对新事物的反应总是慢半拍。这都是孩子性格孤僻的表现，相信家长如果看到自家孩子这般模样，也很心焦吧。

梦梦是一个非常内向的女孩子，每当班里的小朋友在叽叽喳喳地谈论自己的见闻时，她一个人安静地坐在位子上；当小朋友们在大型玩具上快乐地爬上爬下追逐嬉戏时，梦梦坐在台阶上静静地看着；当小朋友们互相交换自己的玩具时，梦梦抱着自己的布娃娃独自玩耍。

老师觉得这个孩子安静得过分，有时会给她一些新的玩具或图书，梦梦却表现得无所谓，如果有其他小朋友主动和她打招呼，她大多也视而不见。

老师把孩子的情况反映给家长，想要了解一下造成梦梦这么孤僻的原因，父母却觉得孩子只是胆子有点小，没什么大不了的，长大些就好了。

也许是有孩子天生安静一些，孩子的性格孤僻却不是与生俱来的，所以父母需要走进孩子的内心深处，对孩子孤僻的性格进行深入的了解。

例如有的孩子是因为父母离异或病故，生活在缺少家庭温暖的环境中导致性格孤僻，对周围的事物冷漠；有的孩子是因为太过于严厉的家庭教育导致对父母望而生畏，孩子的心情总是处于紧张状态，渐渐地就不愿意说话了；还有的孩子是因为长期依赖电视，缺乏一定的人际交流，才会变得孤僻、不愿意与人交往。

俗话说："一把钥匙开一把锁。"当你了解了孩子性格孤僻的原因后，就可以根据不同情况或从客观上创造条件，帮助孩子提高心理适应能力，解决孩子的孤僻问题。

佳佳上幼儿园没多久，老师就告诉妈妈：这孩子太胆小了，还总是一个人待在角落里，也不愿意和小朋友一起玩，整天都是愁眉苦脸的样子。如果有小朋友不小心碰到她，她就会愤怒地大叫，与其他小朋友有些格格不入。

为了改变佳佳孤僻的性格，妈妈想了很多方法。比如和佳佳一起玩"妈妈和孩子"的游戏：妈妈和佳佳轮流当妈妈和孩子，并约定家长可以指挥孩子，但孩子也可以发表不同的意见，当妈妈的人不可以生气。通过这种潜移默化中的换位思考，让佳佳逐渐在小朋友中学会忍让和宽容，和小朋友们融为一体。

为了激发佳佳的胆量，妈妈还会注意培养她的独立性，鼓励佳佳去做一些力所能及的事情。比如让她把需要转交给邻居阿姨的东西送过去等。以此来锻炼佳佳解决问题的能力，并让佳佳的胆量逐渐大起来。

就这样，佳佳笑容越来越多了。现在，她会主动给幼儿园里的小朋友赠送自己制作的小礼物，也会邀请自己新交的小朋友到家里来过周末，性格也变得越来越开朗。

其实对于性格孤僻的孩子，主要还是因为他对周围的人有一种不信任感，并且没有向父母、老师、小朋友打开心灵之窗。家长如果不能及时给予引导，就会对孩子的身心健康造成不利的影响。

想要帮助孩子纠正孤僻的性格，让孩子可以在幼儿园交到好朋友，父母可以尝试这样做：

（1）倾注自己的关爱，并为孩子创设一个良好的家庭氛围

父母如果经常争吵，孩子自然很容易遭受到心灵的创伤。所以，父母应该尽力给孩子创设出一个和睦、融洽、民主的家庭，让孩子可以从中感到家庭的温暖、体验到家庭的欢乐。同时，父母对孩子的关爱是亲子之间增进感情的基础。如果父母在态度上对孩子亲近，在生活上也对孩子体贴，孩子在感受关爱的同时就会悄然改变孤僻的性格。

（2）扩大孩子的生活空间

很多父母常常把孩子关在家里，久而久之，孩子就会变得孤僻。父母应该让孩子从自我的小圈子走出来，多与邻居的孩子一起玩耍、游戏、生活。这样可以增强孩子交往需要与兴趣，形成活泼、开朗、大方的性格。

试验表明：运动刺激对孩子的心理发展很重要。因此，对于性格孤僻、不合群的孩子，就是要让他多和其他孩子一起锻炼、做游戏。这样的共同活动不仅可以让孩子融入幼儿园小朋友的群体中，还可以培养孩子热爱集体的良好性格。

（3）给孩子树立良好榜样

如果父母是属于自我封闭、没有良好人际关系的人，那么孩子也会在潜移默化中形成孤僻的性格。因此，父母要以身作则，在自己的言行、人际交往方面给孩子树立一个良好的榜样，让孩子在不知不觉中塑造一个良好的性格。

除此之外，父母还要注意观察孩子与幼儿园老师之间的关系是不是良性、积极的，也要注意老师是否能够敏感地注意到孩子的需要、与孩子交流、照顾好孩子，而孩子又是否喜欢他的老师和幼儿园。

一旦发现孩子产生"我不喜欢幼儿园"这样的情绪，父母就要及时与老师沟通，让老师多注意、鼓励孩子，并对孩子的社会交往能力进行指导，增强孩子的自信心。这样，孩子才会越来越喜欢老师，越来越喜欢幼儿园，并在幼儿园交到好朋友。

7. 教孩子做一个得体的小主人和小客人

妈妈告诉 6 岁的小乙说："今天李阿姨和玲玲要来家里做客，小乙要做个得体的小主人哦。"小乙噘着嘴不高兴，因为玲玲每次来都会乱动她的布娃娃。如果小乙制止，妈妈还会骂她，她一点儿也不喜欢今天的聚会。

玲玲也不喜欢到小乙家去，因为每次小乙都会臭着脸不说话，感觉和她交朋友好难啊！

李阿姨带着玲玲进来后，小乙就躲到房间里不出来，在妈妈强势的要求下，她才说了"阿姨好"。玲玲则躲在妈妈身后，一言不发。

妈妈让两个孩子到房间里去玩儿，结果没一会儿工夫就混乱起来。玲玲拿了小乙放在小椅子上的布娃娃，结果不小心给弄脏了，那是小乙最喜欢的布娃娃。然后，两人吵着吵着又开始哭起来，怎么都哄不住，聚会也在两位妈妈的尴尬中结束了。

无论是小客人还是小主人，在与他人互动时，父母都希望孩子可以做有得体的行为表现。那么，父母要如何帮助孩子扮演好这两种角色呢？

（1）教孩子做个行为得体的小客人

第一，父母要让孩子明确基本的礼貌行为。比如直接告诉孩子"见到叔叔阿姨要问好""想要取用东西一定要先征得同意""不能乱拿小朋友的东西"之类。对孩子说出类似于这样的行为要求，让孩子知道什么该做什么不该做。

第二，提一些符合孩子心智年龄的要求。父母在带孩子做客时，需要考虑一下聚会的类型，不要等到孩子违反约定时，又给予责骂和处罚。以一个 6 岁的孩子来说，让他保持 20 分钟的安静是比较合理的。如果父母期待孩子可以在纯谈话的成人聚会中保持 2 个小时的安静，就是强人所难了。

第三，减少孩子进入陌生环境的焦虑。当父母带着孩子做客时，孩子会面临一个对自己来说陌生的环境，这样会让孩子产生紧张、害怕的情绪。所以，父母需要事先让孩子对拜访的主人有一个初步的了解，降低孩子心中的焦虑。

（2）教孩子做个准备充分的小主人

第一，让孩子参与到聚会的规划与邀约中。比如，可以分配给孩子一些适合他的工作，协助妈妈打扫卫生、给对方家庭的小朋友打邀请电话，等等。这样不仅可以增进家人的情感，也可以让孩子具有主人公意识，并扮演好自己身为主人的角色。

第二，父母需要多给孩子一些准备时间。比如，父母如果想让孩子在客人面前表演才艺，就应该事先征得孩子的同意，并给孩子一些提前演练的时间。如果直接求孩子表演某项才艺，孩子可能会扭捏、害怕、生气，父母也可能会怪罪孩子，认为孩子表现得不够大方得体，进而对孩子的心理造成伤害。

第三，如果邀请的客人中有其他小朋友，要事先和孩子沟通，了解哪些是可以分享给小朋友玩的玩具。因为大多孩子都喜欢把自己喜欢的东西藏起来，保护自己的领地。如果父母直接拿用或对孩子的行为进行斥责，就可能会伤害到孩子的自尊心，并对人际交往失去信心。

如果孩子不愿意把某件玩具拿出来和朋友分享，父母可以选择商量的方式让孩子心甘情愿地拿出来。当然，商量时也需要一定的技巧，如果直接问"这个玩具可不可以给小朋友玩"，那孩子基本会说不愿意。你可以说"这些玩具里你想把哪个拿给小朋友玩啊"，通过循循善诱的方式让孩子学会分享，也避免了因为其他孩子取用这些玩具而发生冲突。

第四，聚会结束要给予孩子回馈。对孩子来说，如果没有明确的回馈信息，他并不能明白自己做的事是对的还是不对的。所以在聚会结束后，父母最好带着孩子一起讨论一下今天的聚会经验，明确地告诉孩子"宝贝今天主动带小朋友去玩做得很好""如果宝贝没有打断妈妈和阿姨的谈话就更好了""吃饭时候要用小勺子，用手是不对的哦"，等等。

父母通过这样尽量清楚地描述孩子的行为，并提出可以改善的建议，可以逐渐让孩子积累对礼节的理解，并内化到日常生活中。

除此之外，父母可以通过真实的情景演练来让孩子熟悉如何成为"好主人"和"好客人"。当然，礼貌并不是一种特定的情景模式。父母在平时能够以身作则，用礼貌的态度来对待孩子，孩子就可以根据自己的正向感受，自然而然地在互动中表现出礼貌的行为。